Anne-Katrin Meckel

Strategisches Management
bei gesetzlichen Krankenkassen

GABLER RESEARCH

Anne-Katrin Meckel

Strategisches Management bei gesetzlichen Krankenkassen

Mit einem Geleitwort von Prof. Dr. Matthias Dressler

RESEARCH

Bibliografische Information der Deutschen Nationalbibliothek
Die Deutsche Nationalbibliothek verzeichnet diese Publikation in der
Deutschen Nationalbibliografie; detaillierte bibliografische Daten sind im Internet über
<http://dnb.d-nb.de> abrufbar.

Gedruckt mit freundlicher Unterstützung der Techniker Krankenkasse

1. Auflage 2010

Alle Rechte vorbehalten
© Gabler Verlag | Springer Fachmedien Wiesbaden GmbH 2010

Lektorat: Ute Wrasmann | Britta Göhrisch-Radmacher

Gabler Verlag ist eine Marke von Springer Fachmedien.
Springer Fachmedien ist Teil der Fachverlagsgruppe Springer Science+Business Media.
www.gabler.de

Das Werk einschließlich aller seiner Teile ist urheberrechtlich geschützt. Jede Verwertung außerhalb der engen Grenzen des Urheberrechtsgesetzes ist ohne Zustimmung des Verlags unzulässig und strafbar. Das gilt insbesondere für Vervielfältigungen, Übersetzungen, Mikroverfilmungen und die Einspeicherung und Verarbeitung in elektronischen Systemen.

Die Wiedergabe von Gebrauchsnamen, Handelsnamen, Warenbezeichnungen usw. in diesem Werk berechtigt auch ohne besondere Kennzeichnung nicht zu der Annahme, dass solche Namen im Sinne der Warenzeichen- und Markenschutz-Gesetzgebung als frei zu betrachten wären und daher von jedermann benutzt werden dürften.

Umschlaggestaltung: KünkelLopka Medienentwicklung, Heidelberg
Gedruckt auf säurefreiem und chlorfrei gebleichtem Papier
Printed in Germany

ISBN 978-3-8349-2511-4

Geleitwort

Die Einführung des Gesundheitsfonds 2009 mit einem einheitlichen Beitragssatz hat die Verhältnisse im Wettbewerb der Krankenkassen verändert. Welche Chancen und Risiken entstehen für die gesetzlichen Krankenkassen? Welche Stärken können sie nutzen, auf welche Schwächen sollten sie reagieren? Welche strategischen Möglichkeiten haben die Kassen um sich im Wettbewerb erfolgreich von ihren Mitbewerbern abzusetzen?

Die vorliegende Arbeit beschäftigt sich auf systematische und sehr anschauliche Weise mit dem „Strategischen Management bei gesetzlichen Krankenkassen". Neben einer externen und internen strategischen Analyse der gesetzlichen Krankenkassen wird der Frage nachgegangen, welche Wettbewerbsstrategien für die Kassen anwendbar sind.

Die Arbeit wurde mit dem Unikosmos Marketing Award für das Wintersemester 2009/2010 ausgezeichnet.

Dieser Preis wird für innovative Marketing-Ideen an junge Wissenschaftler von der Techniker Krankenkasse in Zusammenarbeit mit der Agentur Public Address vergeben.

Matthias Dressler

Vorwort

Die gesetzlichen Krankenkassen sind, als Körperschaften des öffentlichen Rechts, nicht mit Unternehmen am freien Markt zu vergleichen. Die Einführung eines einheitlichen Beitragssatzes hat die Krankenkassen vor neue Herausforderungen gestellt. In dieser Arbeit sind die Einflussfaktoren auf die Krankenkassen und die Auswirkungen des einheitlichen Beitragssatzes auf die wettbewerbliche Ausrichtung der gesetzlichen Krankenkassen von besonderem Interesse.

Die Idee dieser Diplomarbeit entstand zusammen mit Herrn Dr. Martin Emmert. Ich möchte mich auf diesem Wege noch einmal bei ihm für seine großartige Unterstützung, seine kritischen Durchsichten und seine konstruktiven Verbesserungsvorschläge bedanken.

Ich danke auch Herrn Prof. Dr. Schöffski für das Vorschlagen meiner Diplomarbeit für den Unikosmos Marketing Award sowie Herrn Prof. Dr. Matthias Dressler für die Koordination und die Unterstützung der Drucklegung. In diesem Zusammenhang möchte ich mich auch noch herzlich bei allen Verantwortlichen und Beteiligten des Unikosmos Marketing Award bedanken.

Schließlich möchte ich mich auch bei meiner ganzen Familie bedanken, die mich stets bei allem unterstützt und gefördert hat.

Anne-Katrin Meckel

Inhaltsverzeichnis

Geleitwort V

Vorwort VII

Abbildungs-/Tabellenverzeichnis XIII

Abkürzungsverzeichnis XV

1 Einleitung 1
  1.1 Problemstellung und Zielsetzung 1
  1.2 Verlauf der Arbeit 3

2 Theoretische Grundlagen zum strategischen Management bei gesetzlichen Krankenkassen 5
  2.1 Wettbewerbsumfeld der gesetzlichen Krankenkassen 5
    2.1.1 Historie der GKV seit 1989 5
      2.1.1.1 1989–2006 5
      2.1.1.2 Status Quo nach Einführung des GKV-WSG .. 14
    2.1.2 Zahlen und Fakten zum GKV-Markt 24
    2.1.3 Rahmenbedingungen in der GKV 27
  2.2 Die Grundzüge des strategischen Managements 33
    2.2.1 Grundlagen des strategischen Managements 33
    2.2.2 Normatives Management 36
    2.2.3 Operatives Management und seine Beziehung zum strategischen Management 38

3 Strategische Analyse gesetzlicher Krankenkassen ... 41

3.1 Externe Analyse ... 41
    3.1.1 Makroumwelt ... 43
        3.1.1.1 Die politisch-rechtliche Umwelt ... 43
        3.1.1.2 Die ökonomische Umwelt ... 46
        3.1.1.3 Die technologische Umwelt ... 49
        3.1.1.4 Die gesellschaftliche Umwelt ... 52
    3.1.2 Branchenumwelt ... 54
        3.1.2.1 Bedrohung durch neue Anbieter ... 55
        3.1.2.2 Verhandlungsstärke der Abnehmer ... 56
        3.1.2.3 Verhandlungsstärke der Lieferanten ... 58
        3.1.2.4 Druck durch Substitutionsprodukte ... 63
        3.1.2.5 Rivalität der Wettbewerber ... 65
        3.1.2.6 Der staatliche Einfluss auf die Branche ... 67
3.2 Interne Analyse ... 69
    3.2.1 Stärken- und Schwächen-Ermittlung ... 69
        3.2.1.1 Die klassischen Ansätze ... 70
        3.2.1.2 Die wertorientierten Ansätze ... 71
        3.2.1.3 Die ressourcen- und kompetenzorientierten Ansätze ... 72
    3.2.2 Bewertung und Vergleich der Stärken und Schwächen ... 74
3.3 Zusammenfassung ... 77

4 Wettbewerbsstrategien und ihre Anwendbarkeit auf die gesetzlichen Krankenkassen ... 81

4.1 Möglichkeiten zur Erzielung von Wettbewerbsvorteilen ... 81
4.2 Generische Wettbewerbsstrategien in der GKV ... 86
    4.2.1 Differenzierungsstrategie ... 88
        4.2.1.1 Differenzierung durch Qualität ... 88
        4.2.1.2 Differenzierung durch Marke ... 92
        4.2.1.3 Differenzierung durch Kundenbeziehung ... 95

    4.2.2 Kosten- und Preisführerschaftsstrategie 99
        4.2.2.1 Strukturelle Kostenunterschiede 99
        4.2.2.2 Effizienzunterschiede 101
    4.3 Die hybride Wettbewerbsstrategie in der GKV 102

5 Zusammenfassung und Ausblick 105

Literaturverzeichnis 111

Abbildungs- und Tabellenverzeichnis

Abb. 1: Zeitleiste der wichtigsten Reformen und Gesetze seit 1989 . 6
Abb. 2: Versichertenverteilung auf die Kassenarten 1991 und 2007 . 8
Abb. 3: Anzahl der Krankenkassen in Deutschland zwischen 1991 und 2008 17
Abb. 4: Zahlungsströme im Gesundheitsfonds 21
Abb. 5: Zahl der gesetzlichen Krankenkassen nach Art im Jahr 2008 25
Abb. 6: Das Sachleistungsprinzip 32
Abb. 7: Grundverständnis des strategischen Managements 35
Abb. 8: SWOT-Analyse 42
Abb. 9: Die externe Umwelt eines Unternehmens 42
Abb. 10: Das Konzept der fünf Wettbewerbsstärken 55
Abb. 11: Ausgaben der GKV 2007 nach ausgewählten Bereichen .. 59
Abb. 12: Beispiel einer Wertkette einer gesetzlichen Krankenkasse . 72
Abb. 13: Differenzierungs- und Kosten-/Preisführerschaftsstrategie . 87
Abb. 14: Maßnahmen zur Verbesserung der Erreichbarkeit der Kassen 97
Abb. 15: Hybride Wettbewerbsstrategie 103

Tabelle 1: Wahltarife in der Übersicht 84

Abkürzungsverzeichnis

Abs.	Absatz
AOK	Allgemeine Ortskrankenkasse
BIP	Bruttoinlandsprodukt
BKK	Betriebskrankenkasse
bspw.	beispielsweise
bzw.	beziehungsweise
CIO	Chief Information Officer
DKG	Deutsche Krankenhausgesellschaft
DMP	Disease Management Programm
DRG	Diagnosis Related Groups
EDV	Elektronische Datenverarbeitung
eGK	elektronische Gesundheitskarte
etc.	et cetera
F&E	Forschung & Entwicklung
GBK	Gemeinsame Betriebskrankenkasse Köln
GKV	Gesetzliche Krankenversicherung
GKV-WSG	Gesetz zur Stärkung des Wettbewerbs in der gesetzlichen Krankenversicherung
GRG	Gesundheitsreformgesetz
GSG	Gesundheitsstrukturgesetz
IfW	Institut für Weltwirtschaft
IKK	Innungskrankenkasse
IQWiG	Institut Für Qualität und Wirtschaftlichkeit im Gesundheitswesen
IT	Informationstechnologie
Kap.	Kapitel
KV	Kassenärztliche Vereinigung
KHEntgG	Krankenhausentgeltgesetz

Morbi RSA	Morbiditätsorientierter Risikostrukturausgleich
Mrd.	Milliarde
NOG	GKV-Neuordnungsgesetze
Nr.	Nummer
PKV	Private Krankenversicherung
RSA	Risikostrukturausgleich
SGB	Sozialgesetzbuch
SWOT	Strengths (Stärken), Weaknesses (Schwächen), Opportunities (Chancen), Threats (Risiken)
u. a.	unter anderem
WIdO	Wissenschaftliches Institut der AOK

1 Einleitung

1.1 Problemstellung und Zielsetzung

Die Zukunft zu durchdenken, Handlungsoptionen und Einflüsse sichtbar zu machen, die Auswirkungen von Handlungsoptionen zu verdeutlichen und aus Entwicklungen zu lernen sind die wesentlichen Merkmale des strategischen Managements.[1] Diese Faktoren spielen auch im deutschen GKV-System eine wichtige Rolle. Die gesetzlichen Krankenkassen[2] wurden in den letzten Jahren mit vielen Veränderungen konfrontiert, die ein neues Denken von ihnen erforderten. Als Körperschaften des öffentlichen Rechts unterliegen sie einerseits einer starken staatlichen Regulierung, verfügen nur in einem begrenzten Rahmen über eigene Entscheidungsmöglichkeiten und sind keine privatwirtschaftlichen Unternehmen mit Gewinnerzielungsabsicht. Andererseits erfordert der Wettbewerb innerhalb des GKV-Systems von den Kassen, dass diese wie Wirtschaftsunternehmen handeln um erfolgreich zu sein und zu bleiben.[3]

Ein starker Anstieg der Gesundheitsausgaben in Deutschland in den 70er Jahren führte zu einer Reihe an Reformen, die das Management der Kassen vor große Herausforderungen stellte. Doch nicht nur durch die steigende Ausgabenseite, sondern insbesondere auch durch eine grundlegende Einnahmeproblematik hatte die GKV in der Vergangenheit mehrfach Milliardendefizite.[4] Die erste maßgebliche Umstellung der Bedingungen

---

[1] Vgl. Hungenberg, H. (2008), S. 6.
[2] Im Folgenden werden die Begriffe „gesetzliche Krankenkasse", „gesetzliche Krankenversicherung", „Krankenkasse" und „Kasse" synonym verwendet.
[3] Vgl. Plate, A., Siener, F. (2006), S. 405.
[4] Vgl. Simon, M. (2008), S. 149.

im GKV-System war 1996 die Einführung der Kassenwahlfreiheit. Daraus resultierte erstmals ein „echter" Wettbewerb zwischen den Kassen. Standen zuvor lediglich die Ersatzkassen zueinander in Konkurrenz, bekamen nun auch die Primärkassen, AOK, BKK und IKK, die Versicherten nicht mehr gesetzlich zugeordnet.[5] Diese Kassen mussten ihre Organisation den Wettbewerbsbedingungen anpassen und eine strategische Richtung verfolgen um Versicherte zu halten bzw. zu gewinnen. Die Höhe des Beitragssatzes wurde hierbei zum entscheidenden Faktor im Wettbewerb der Krankenkassen.[6]

Die letzte große Reform des Gesundheitswesens, das 2007 in Kraft getretene Gesetz zur Stärkung des Wettbewerbs in der gesetzlichen Krankenversicherung (GKV-WSG), hat die bisher geltenden Argumente im Wettbewerb der Krankenkassen verschoben. Die Einführung des Gesundheitsfonds mit einem einheitlichen Beitragssatz für alle Krankenkassen und ein morbiditätsorientierter Risikostrukturausgleich erfordert von den Krankenkassen ein Umdenken. Die zuvor geltende Differenzierung über den Beitragssatz ist nun nicht mehr möglich. Dadurch haben sich auch die Ansprüche der Versicherten gewandelt. Insbesondere Versicherte einer Krankenkasse mit zuvor günstigem Beitragssatz erleben die Nivellierung des Beitragssatzes lediglich als eine Erhöhung der Kosten bei gleich bleibenden Leistungen.[7] Für die Krankenkassen besteht dadurch der Druck, die Bedürfnisse und Erwartungen der Versicherten zu kennen und sich dementsprechend strategisch auszurichten.

Aus der Einführung des Gesundheitsfonds und dem einheitlichen Beitragssatz ergibt sich das Ziel dieser Arbeit: Ansätze möglicher Wettbewerbsstrategien für die Krankenkassen unter den aktuellen Bedingungen aufzuzeigen. Dazu werden zunächst die wichtigsten gesetzlichen Änderungen

---

[5] Vgl. Schulin, B. (1994), S. 29–31.
[6] Vgl. Zok, K. (2009), S. 2.
[7] Vgl. Zok, K. (2009), S. 5.

durch das GKV-WSG und die Bedingungen im GKV-System analysiert. Der Fokus liegt dabei auf den Auswirkungen der gesetzlichen Neuerungen auf die Arbeit der Krankenkassen.

Eine Untersuchung der gesamtwirtschaftlichen Faktoren soll die Chancen und Risiken aufdecken, die sich für die Krankenkassen aus ihrer Umwelt ergeben. Diese Faktoren beinhalten u. a. die Folgen von Arbeitslosigkeit für die gesetzlichen Krankenkassen. Zudem werden auch die Beziehungen innerhalb des GKV-Systems, die Einflussmöglichkeiten der Kassen und die Änderung der Verhältnisse zu Leistungserbringern wie Pharmaunternehmen, Krankenhäusern und Ärzten analysiert.

Auf dieser Analyse basierend, werden die bedeutenden Wettbewerbsstrategien genannt und ihre Anwendbarkeit auf die Krankenkassen überprüft. Entscheidend sind dabei die Möglichkeiten der Kassen, sich im Zuge der starken staatlichen Regulierung im Wettbewerb von anderen Krankenkassen zu unterscheiden, um dadurch Vorteile zu generieren. Die Anforderungen der Versicherten und die für ihre Kassenwahl entscheidenden Faktoren stehen hierbei im Vordergrund. In diesem Zusammenhang wird auch geklärt, ob und inwieweit der Zusatzbeitrag eine Rolle im Wettbewerb spielt.

1.2 Verlauf der Arbeit

Die Arbeit teilt sich auf in fünf Kapitel. Als Basis für die Ausarbeitung werden zunächst im folgenden Kapitel die theoretischen Grundlagen zum strategischen Management bei gesetzlichen Krankenkassen erläutert. Diese beinhalten neben der historischen Entwicklung seit 1989 und dem aktuellen Stand auch wichtige Zahlen und Fakten sowie die Rahmenbedingungen im GKV-System. Danach werden die Grundzüge des strategischen Managements erläutert. Neben den Grundlagen werden dabei auch Erklärungen zum normativen und operativen Management gegeben.

Aufbauend auf diesen Grundlagen befasst sich Kapitel drei mit der strategischen Analyse einer gesetzlichen Krankenkasse. Diese ist aufgeteilt in eine externe und eine interne Analyse. Die externe Analyse beschreibt den Einfluss der Makroumwelt und der Branchenumwelt auf die Krankenkassen. Hier werden die Chancen und Risiken für die Kassen durch externe Faktoren näher erläutert. Die interne Analyse bietet einen Überblick der Möglichkeiten der Kassen, sich der eigenen Stärken und Schwächen über Vergleich und Bewertung deutlich zu werden. Diese strategische Analyse stellt die Basis für die folgenden Wettbewerbsstrategien dar.

Anschließend werden im vierten Kapitel mögliche Wettbewerbsstrategien und ihre Anwendbarkeit für die GKV erläutert. Zunächst werden die Möglichkeiten zur Erzielung von Wettbewerbsvorteilen im System der GKV beschrieben. Dabei stehen die Leistungen im Vordergrund, die für die Versicherten neben den Regelleistungen einen Mehrwert darstellen. Darauf aufbauend werden die strategischen Optionen, welche für die Krankenkassen im Wettbewerb bestehen, definiert. Dazu werden zunächst die generischen Wettbewerbsstrategien, die sich in die Differenzierungsstrategie einerseits und die Kosten- und Preisführerschaftsstrategie andererseits aufteilen, intensiv erläutert. Die dargestellte hybride Wettbewerbsstrategie ist dann die Verbindung der beiden generischen Strategien.

Mit einer Zusammenfassung schließt Kapitel fünf die Arbeit ab. Hier werden noch einmal die wichtigsten Faktoren im Wettbewerb der Krankenkassen und den daraus abgeleiteten möglichen Wettbewerbsstrategien im aktuellen System der GKV genannt.

2 Theoretische Grundlagen zum strategischen Management bei gesetzlichen Krankenkassen

2.1 Wettbewerbsumfeld der gesetzlichen Krankenkassen

Der Markt, in dem sich Krankenkassen bewegen, ist nicht mit der freien Marktwirtschaft zu vergleichen. Gesetzliche Krankenkassen sind Körperschaften des öffentlichen Rechts und unterliegen einer starken staatlichen Regulierung. Kap. 2.1.1 gibt daher einen Überblick über die gesetzlichen Änderungen und Reformen seit 1989. Darauf aufbauend folgen die wichtigsten Zahlen und Fakten zum GKV-Markt (Kap. 2.1.2) und die Rahmenbedingungen für die gesetzlichen Krankenkassen (Kap. 2.1.3).

2.1.1 Historie der GKV seit 1989

Die gesetzlichen Krankenkassen in Deutschland waren, insbesondere in den letzten Jahren, mit vielen Veränderungen konfrontiert. Abbildung 1 (s. S. 6) gibt einen Überblick über die wichtigsten Reformen und Gesetze seit 1989. Kapitel 2.1.1.1 erläutert die Gesetze und Reformen von 1989 bis 2006. Kapitel 2.1.1.2 geht darauf folgend auf die Gesundheitsreform 2007 und den sich daraus ergebenden Status Quo im GKV-Markt ein.

2.1.1.1 1989–2006

Die Geschichte der Gesetzlichen Krankenversicherung geht zurück bis in das Jahr 1883 auf das Gesetz betreffend die Krankenversicherung der Arbeiter. Es entstand ein System, welches sich in Orts-, Betriebs-, Bau-, und Innungskrankenkassen, Knappschafts- und Hilfskassen sowie Gemeindeversicherungskassen gliederte. Die Krankenkassen standen dabei in den

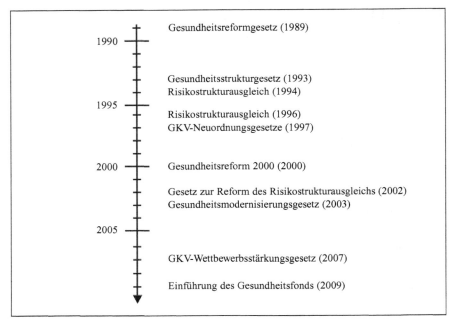

Abbildung 1: Zeitleiste der wichtigsten Reformen und Gesetze seit 1989
Quelle: Eigene Darstellung.

Jahren immer neuen Aufgaben und vielen Änderungen gegenüber, was alleine schon durch die unterschiedlichen Namen im Laufe der Zeit deutlich wird. So hieß sie zu Beginn „Arbeiterversicherung", später „Reichsversicherung", „soziale Krankenversicherung" und heute „Gesetzliche Krankenversicherung".[8] Interessant für das strategische Management in den Krankenkassen sind die Entwicklungen und gesetzlichen Rahmenbedingungen seit 1989 und dem in Kraft treten des *Gesundheitsreformgesetzes* (GRG). 1993 folgte das *Gesundheitsstrukturgesetz* (GSG) mit Einführung eines *Risikostrukturausgleichs* im Jahr 1994 und der *Kassenwahlfreiheit* 1996. Als drittes Element der Gesundheitsreform traten 1997 die *GKV-Neuordnungsgesetze* (NOGs) in Kraft. Drei Jahre später kam die

---

[8] Vgl. Quasdorf, I. (2007), S. 10.

GKV-Gesundheitsreform 2000. Wiederum zwei Jahre später folgte das Gesetz zur Reform des Risikostrukturausgleichs und 2003 trat das *Gesundheitsmodernisierungsgesetz* (GMG) zur Entlastung der Krankenkassen in Kraft. Diese Reformen und Gesetze bildeten den Weg zum Status Quo in der gesetzlichen Krankenversicherung.

Die gesetzlichen Krankenkassen sind rechtsfähige Körperschaften des öffentlichen Rechts mit Selbstverwaltung gemäß § 4 Abs. 1 SGB V. Historisch gewachsen gliedert sich die GKV in sieben Kassenarten, bestehend aus den Allgemeinen Ortskrankenkassen, Betriebskrankenkassen, Innungskrankenkassen, der Seekrankenkasse, Landwirtschaftliche Krankenkassen, der Bundesknappschaft und Ersatzkassen.[9] Am 15.06.1883 wurde mit dem Gesetz betreffend die Krankenversicherung der Arbeiter ein Versicherungszwang eingeführt, wonach jeder Versicherungspflichtige Mitglied in der jeweiligen, für diesen Berufszweig eingerichteten Krankenversicherung war.[10] Status und Beruf der Versicherten entschied darüber, ob sie die Möglichkeit hatten sich bei einer Ersatzkasse zu versichern oder ob sie einer Primärkasse zugeordnet wurden. Die Primärkassen waren AOK, BKK und IKK. Eine Wahlfreiheit der Krankenkasse war bis Ende 1995 lediglich den Angestellten[11] und einigen wenigen Arbeitern, gemäß § 165 Satz 1 des damals gültigen SGB V,[12] vorbehalten, die insgesamt etwa 28% aller Mitglieder der gesetzlichen Krankenversicherung ausmachten.[13] Zum Aufnahmezeitpunkt musste man dem Mitgliederkreis angehören, welcher in der Satzung der Aufsichtsbehörde vom 01.01.1974 festgelegt wurde.[14] Eine Versichertenverteilung auf die verschiedenen Kassenarten von 1991 bis 2007 gibt Abbildung 2.

---

[9] Vgl. Pester, R. (2005), S. 27–28.
[10] Vgl. Quasdorf, I. (2007), S. 15–17.
[11] In der Arbeit beschränkt sich die Autorin aus Gründen der besseren Lesbarkeit auf die maskulinen Formen, ohne hiermit diskriminieren zu wollen.
[12] § 165 Satz 1 ist im heute gültigen SGB V weggefallen.
[13] Vgl. Cassel, D. (1984), S. 31.
[14] Vgl. § 168 Satz 2 SGB V in der gültigen Fassung aus dem Jahr 1989.

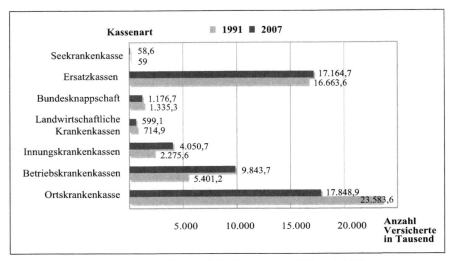

Abbildung 2: Versichertenverteilung auf die Kassenarten 1991 und 2007
Quelle: GBE-Bund (Hrsg.) (2009a).

Ein als Kostenexplosion[15] bekannt gewordener starker Anstieg der Gesundheitsausgaben in den 70er Jahren erforderte ein Umdenken für die Zukunft der gesetzlichen Krankenversicherung. Gefolgt von einer Reihe an Kostendämpfungsgesetzen trat am 01.01.1989, vorgelegt durch den damaligen Bundesarbeitsminister Norbert Blüm, das *Gesundheits-Reformgesetz* in Kraft. Die von der Bundesregierung angekündigte Generalüberholung des Gesundheitswesens fand jedoch nicht statt, da wichtige Themen, wie das Organisationsrecht der Krankenkassen und die Gleichstellung von Arbeitern und Angestellten nicht in Angriff genommen wurden. Trotzdem stellt die Zusammenführung und Neustrukturierung des Krankenversicherungsrechts im SGB V die wohl bedeutendste Änderung durch das GRG dar. Weitere wichtige Regelungen waren u.a. die Erhöhung, bzw. Einführung von Zuzahlungen und Leistungsausgrenzungen, was im Sinne der

---

[15] Der Begriff „Kostenexplosion im Gesundheitswesen" wurde 1974 durch Heiner Geißler geprägt.

2.1 Wettbewerbsumfeld der gesetzlichen Krankenkassen

Kostendämpfung war, sowie die Einführung eines Festbetragssystems für Arznei- und Hilfsmittel und eine höhere Rezeptgebühr. Weitere Bestandteile des 1989 verabschiedeten Gesetzes waren die Neugründung des Medizinischen Dienstes sowie die Einführung von Maßnahmen der Prävention, Gesundheitsförderung und Früherkennung.[16]

Das GRG war aber nicht alleiniger Bestandteil der Generalüberholung des Gesundheitswesens, es war auch eine Reform der Organisations- und Finanzstruktur der GKV geplant. Ein exorbitanter Ausgabenüberhang und Beitragssätze im Jahr 1992 auf einem historischen Rekordniveau von durchschnittlich 13,27%[17] in den Allgemeinen Ortskrankenkassen erforderte von den Gesundheitspolitikern rasches Handeln. Das GRG hatte lediglich zu einer kurzfristigen Kostendämpfung geführt.[18] Auf Grundlage der Lahnsteiner Eckpunkte[19] ist am 01.01.1993 das *Gesetz zur Sicherung und Strukturverbesserung der gesetzlichen Krankenversicherung* (Gesundheitsstrukturgesetz – GSG) in Kraft getreten. Die Ziele dieses Gesetzes bestanden aus der Gewährleistung der Beitragssatzstabilität und der Sicherung der finanziellen Grundlagen der gesetzlichen Krankenversicherung.[20] Für eine rasche Begrenzung der zuvor genannten, stark angestiegenen Ausgaben sorgte eine strikte Budgetierung in den Jahren 1993 bis 1995, die später durch Leistungskomplexgebühren und Fallpauschalen ergänzt wurden. Das Kernstück des GSG stellte die Reform der Krankenkassenorganisation dar. Dessen Elemente sind einerseits die fast uneingeschränkte Wahlfreiheit für alle Versicherten, sowie der kassenartenübergreifende Risikostrukturausgleich.[21]

---

[16] Vgl. Schulin, B. (1994), S. 29–31.
[17] Vgl. Bundesministerium für Gesundheit (Hrsg.) (2008).
[18] Vgl. Cassel, D. (1993), S. 102.
[19] Die Lahnsteiner Eckpunkte waren das Ergebnis einer Klausurtagung der Sozialexperten von Union, SPD und FDP unter Beteiligung der Ländersozialminister Anfang Oktober 1992.
[20] Vgl. Quasdorf, I. (2007), S. 22.
[21] Vgl. Schulin, B. (1994), S. 36–39.

Ein Wettbewerb zwischen den Kassen fand aufgrund der gesetzlichen Zuordnung der Mehrzahl der Versicherten bis Ende 1995 nur bedingt statt. Da dieser jedoch Effizienz und Fortschritt stark fördert und vorantreibt, wurde von politischer Seite ein stärkerer Wettbewerb im Gesundheitswesen gefordert. Durch die Einführung der Kassenwahlfreiheit zum 01.01.1996 wurde eine bedarfsgerechtere, effizientere und effektivere Gesundheitsversorgung der Bevölkerung angestrebt.[22] Aufgrund der neuen Regelung wurden die versicherungspflichtigen Arbeiter nicht mehr automatisch den Primärkassen zugeordnet. Fast alle Versicherte haben seitdem die Möglichkeit ihre Krankenkasse frei zu wählen.[23] Dennoch bestehen Einschränkungen gemäß § 173 Satz 1, Nr. 4 SGB V bei nicht geöffneten Betriebs- und Innungskrankenkassen, die den Mitgliederkreis auf die jeweiligen Beschäftigten eingegrenzt haben. Für diese Beschäftigten besteht allerdings die Wahlfreiheit in eine andere Kasse zu wechseln. Der Eintritt in eine Private Krankenversicherung ist aber weiterhin nur freiwillig Versicherten und Selbständigen möglich. Für die wählbaren Kassen besteht ein Kontrahierungszwang gemäß § 175 Abs. 1 Satz 2 SGB V und ein Diskriminierungsverbot. Es bestand eine einjährige Kündigungsfrist und die Bindung an die gewählte Krankenkasse für ein Jahr, was durch spätere Gesetze noch verändert wurde.[24]

Durch die zuvor gesetzliche Zuweisung der Mitglieder, war alleine durch die Einführung der Kassenwahlfreiheit kein fairer Wettbewerb zwischen den Kassen möglich. Zudem sollte ein Wettbewerb um so genannte gute Risiken vermieden werden. Als gute Risiken werden Versicherte bezeichnet, die vergleichsweise hohe Beiträge zahlen, aber nur geringe Ausgaben verursachen. Die Lösung für dieses Problem, den Finanzausgleich zwi-

---

[22] Vgl. Jacobs, K., Reschke, P., Cassel, D., Wasem, J. (2002), S. 12–13.
[23] Vgl. §§ 165–167 SGB V und §§ 173–177 SGB V. Ausnahmen bilden die Bundesknappschaft, die See-Krankenkasse und landwirtschaftliche Krankenkassen: Für diese Kassen bleibt das Prinzip der gesetzlichen Zuweisung.
[24] Vgl. Cassel, D. (1993), S. 103.

schen den Kassen, stellte der Risikostrukturausgleich dar. Eingeführt wurde dieser zur Vorbereitung auf den Wettbewerb bereits im Jahre 1994. Zu diesem Zeitpunkt erstreckte er sich allerdings nur auf den Bereich der Allgemeinen Krankenversicherung und bezog ab 1995 auch die Krankenversicherung der Rentner mit ein. Die jährliche Durchführung wurde dem Bundesversicherungsamt übertragen.[25] Einzige Ausnahme unter den Kassen ist die landwirtschaftliche Krankenversicherung, die bis heute nicht am RSA beteiligt ist.[26]

Ohne diesen Finanzausgleich würde nicht der gewünschte Konkurrenzkampf um Mitglieder, sondern um gute Risiken stattfinden. Kassen, die aufgrund der zuvor gesetzlichen Zuordnungen risikogünstigere Mitglieder haben, hätten einen klaren Vorteil gegenüber Kassen mit vielen schlechten Risiken. Die Gefahr, dass Krankenkassen durch schlechte Risiken und nicht durch ineffizientes Handeln aus dem Markt ausscheiden, wäre groß.[27] Durch den RSA sollen die Wettbewerbsnachteile für Kassen mit einer schlechten Risikostruktur ausgeglichen und ihre Wirtschaftlichkeit verbessert werden. Daher wird von durchschnittlichen Leistungsausgaben und nicht von tatsächlichen ausgegangen. Ausgeglichen wurden die Unterschiede nach Einführung des RSA aufgrund des beitragspflichtigen Einkommens der Versicherten, der Anzahl der mitversicherten Familienmitglieder und der Aufteilung in Versichertengruppen nach Alter und Geschlecht.[28] Die Ermittlung der Transferposition einer Kasse geschieht durch das Gegenüberstellen der RSA-Rechengrößen Beitragsbedarf und Finanzkraft. Der RSA bedingt dadurch die gewünschte Chancengleichheit zwischen den im Wettbewerb zueinander stehenden Kassen. Hohe Beitragssätze in Kassen mit ungünstiger Versichertenstruktur werden vermieden. Damit beteiligt sich jeder Versicherte unabhängig von der jeweiligen

---

[25] Vgl. Cassel, D. (1993), S. 104.
[26] Vgl. Bundesversicherungsamt (Hrsg.) (2008), S. 3.
[27] Vgl. Jacobs, K., Reschke, P., Cassel, D., Wasem, J. (2002), S. 21–23.
[28] Vgl. § 266 SGB V in der gültigen Fassung aus dem Jahr 1997.

Kassenzugehörigkeit an der Finanzierung der GKV-weiten Solidaraufgabe (siehe dazu auch Kap. 2.1.3).[29]

Das dritte Element der Gesundheitsreform nach GRG und GSG bilden die *GKV-Neuordnungsgesetze* (NOGs) vom 23.06.1997. Diese sind aufgeteilt in 1. und 2. NOG. Ihre Ziele bestanden in der Stärkung der Selbstverwaltung, Erhöhung von Zuzahlungen zur Verbesserung der Finanzierungsgrundlagen, Einführung von Strukturverträgen und Erweiterung von Modellversuchen. Damit sollte die Leistungsfähigkeit und die Finanzierbarkeit der sozialen Krankenversicherung gewährleistet werden.[30]

Die geplante Einführung einer Positivliste sowie eine umfassende, nicht mehr nur auf einzelne Berufsgruppen und Versorgungsbereiche beschränkte Qualitätssicherung sind wichtige Bestandteile der *GKV-Gesundheitsreform 2000*. Weiter sieht die Reform eine Verbesserung der Situation der Hausärzte durch eine ihnen zugewiesene Lotsenfunktion vor, das so genannte Hausarztmodell (siehe dazu Kap. 2.1.1.2). Mit Hilfe der Gesetze zur Integrierten Versorgung (siehe dazu auch Kap. 2.1.1.2), § 140b SGB V, werden die Monopole der Kassenärztlichen Vereinigungen (KVen) aufgeweicht und Versorgungsnetze zwischen Krankenkassen, Ärzten und Kliniken können von den KVen nicht mehr verhindert werden.[31] Der Gesetzgeber erhofft sich dadurch einen nahtlosen Versorgungsprozess und ermöglicht es den Krankenkassen ohne die KVen direkt mit den Ärzten Verträge abzuschließen.[32] Auch die Stärkung der Gesundheitsversorgung, Prävention und Rehabilitation spielen durch die Reform wieder eine entscheidende Rolle.[33]

---

[29] Vgl. Jacobs, K., Reschke, P., Cassel, D., Wasem, J. (2002), S. 34, 62.
[30] Vgl. Wirtschaftslexikon 24 (Hrsg.) (o. J.).
[31] Vgl. Medi-Report (Hrsg.) (1999).
[32] Vgl. KBV (Hrsg.) (2007).
[33] Vgl. AOK Bundesverband (Hrsg.) (o. J. a).

2.1 Wettbewerbsumfeld der gesetzlichen Krankenkassen

Zwei Jahre später, im Jahr 2002, folgte das *Gesetz zur Reform des Risikostrukturausgleichs*. Es sah vor, dass bis 2006 der RSA durch eine Morbiditätsorientierung erweitert wird. Es werden höhere Leistungsausgaben für Versicherte berücksichtigt, die an so genannten Disease Management Programmen (DMPs) teilnehmen und ein Risikopool für Versicherte, deren Ausgaben für die Kassen weit über dem Durchschnitt liegen.

DMPs sind, gemäß § 137f SGB V, strukturierte Behandlungsprogramme für chronisch Kranke, welche auf der Basis von evidenzbasierter Medizin[34] durchgeführt werden. Die Behandlungs- und Betreuungsprozesse der Patienten werden über den einzelnen Leistungserbringer hinweg koordiniert und erstrecken sich über den gesamten Verlauf der Erkrankung. Mit Hilfe der DMPs soll eine verbesserte Versorgung chronisch Kranker erreicht und eine Über-, Unter- oder Fehlversorgung vermieden werden. Durch Verringerung von Folgeschäden, Komplikationen und Krankenhauseinweisungen kann eine Reduzierung der Behandlungskosten erreicht werden.[35]

Zur Senkung des Beitragsniveaus und finanzwirksamen Entlastungen der Krankenkassen sollte das zum 01.04.2003 in Kraft getretene *Gesundheitsmodernisierungsgesetz* führen. Es wurde eine Stabilisierung des Preisniveaus erwartet. Die Reform umfasste u. a. strukturelle Änderungen und eine Neuordnung der Finanzierung. Zudem sollten Eigenverantwortung und Selbständigkeit der Patienten gestärkt, Qualität und Wirtschaftlichkeit durch strukturelle Änderungen verbessert und die Arbeitsbedingungen für Beschäftigte im Gesundheitswesen erhöht werden.[36] Die Effektivität und Qualität war zu verbessern, während gleichzeitig von allen Beteiligten

---

[34] Evidenzbasierte Medizin (EbM) ist die beweisgestützte Medizin, welche sich auf den gewissenhaften, ausdrücklichen und vernünftigen Gebrauch der gegenwärtig besten, externen wissenschaftlichen Evidenz für Entscheidungen in der medizinischen Versorgung individueller Patienten stützt.

[35] Vgl. Bundesversicherungsamt (Hrsg.) (2009a).

[36] Vgl. Beske, F., Ratschko, K.-W. (2006), S. 14–15.

Sparmaßnahmen verlangt wurden.[37] Doch schon bei der Verabschiedung des GMG wurde festgestellt, dass die angestrebten Maßnahmen nur kurz- und mittelfristige Auswirkungen haben würden und weitere Initiativen zur Finanzierbarkeit der GKV folgen müssten.[38]

2.1.1.2 Status Quo nach Einführung des GKV-WSG

Am 01.04.2007 trat das Gesetz zur Stärkung des Wettbewerbs in der gesetzlichen Krankenversicherung in Kraft.[39] Einige weitreichende Änderungen wurden erst 2009 gültig, andere werden erst 2011 anlaufen. Durch die Reform soll die dauerhafte Leistungsfähigkeit des Gesundheitswesens gesichert werden. Beitragssteigerungen in den vergangenen Jahren sind, laut Experten, nicht auf steigende Ausgaben, sondern auf die Einnahmen zurückzuführen. Es wird davon ausgegangen, dass durch die demographische Entwicklung (siehe dazu auch Kap. 3.1.1.2) das Finanzierungsproblem weiter ansteigen wird.

Die wichtigsten Inhalte der Reform sind:

- Strukturelle Veränderungen der Organisation der GKV
- Versicherungspflicht
- Veränderte Bedingungen bei Fusionen
- Wahltarife
- Neue Versorgungsformen
- Geänderte Möglichkeiten für die Arzneimittelversorgung
- Einzelverträge zur Hilfsmittelversorgung
- Einführung des Gesundheitsfonds
- Morbiditätsorientierter RSA
- Weiterentwicklung von Prävention und Gesundheitsförderung
- Änderungen für die PKV[40]

---

[37] Vgl. Orlowski, U. Wasem, J. (2003), S. 3.
[38] Vgl. Orlowski, U., Wasem, J. (2007), S. 2.
[39] Vgl. Foerster, A.-F. (2008), S. 1–2, 13.
[40] Vgl. Orlowski, U., Wasem, J. (2007), S. 1–9.

2.1 Wettbewerbsumfeld der gesetzlichen Krankenkassen

Die Organisation der GKV sah sich durch die Reform einigen *strukturellen Veränderungen* gegenüber. Eine dieser Änderungen ist die Zusammenführung der so genannten Spitzenverbände der Krankenkassen zu einem kassenartenübergreifenden „Spitzenverband Bund", der seine offizielle Tätigkeit zum 01.07.2008 übernahm. Zuvor bestanden auf Bundesebene die Bundesverbände der Orts-, Betriebs- und Innungskrankenkassen, die Knappschaft-Bahn-See, die Deutsche Rentenversicherung, der Verband der Angestellten-Krankenkassen, der Arbeiter-Ersatzkassen-Verband, die See-Krankenkasse und der Bundesverband der landwirtschaftlichen Krankenkassen. Diese wurden zum 01.01.2009 kraft Gesetzes in privatrechtlich organisierte Gesellschaften bürgerlichen Rechts umgewandelt.[41] Ihre Aufgaben, insbesondere die Unterstützung der Kassen und ihrer Landesverbände und Entscheidungen zur Organisation des Wettbewerbs der Krankenkassen, sind auf den Spitzenverband Bund übergegangen.[42] Mitglieder des Verbands sind sämtliche Krankenkassen.[43] Auch der Gemeinsame Bundesausschuss, gegründet 2003 und bestehend aus einem unparteiischen Vorsitzenden, zwei weiteren unparteiischen Mitgliedern, Vertretern der Leistungserbringer (Kassenärztliche Bundesvereinigung, Deutsche Krankenhausgesellschaft und die Kassenzahnärztliche Bundesvereinigung) sowie Vertretern der Krankenkassen, sah sich einigen Änderungen gegenüber. So wurde die Mitgliederzahl verringert, das Beschlusswesen neu organisiert und die Möglichkeit des Erlasses von Richtlinien gemäß § 92 SGB V geregelt.[44]

Als Schritt in Richtung einer Bürgerversicherung können die neuen Regelungen zur *Versicherungspflicht* interpretiert werden. Diese bezieht sich auf die gesamte Bevölkerung und wird teilweise in der GKV und teilweise auch in der PKV durchgeführt. Die bisherigen Tatbestände für eine Versicherungspflicht nach § 5 SGB V wurden um das fehlende Vorliegen einer

---

[41] Vgl. Simon, M. (2008), S. 82–83.
[42] Vgl. § 217a ff SGB V.
[43] Vgl. Orlowski, U., Wasem, J. (2007), S. 154–158.
[44] Vgl. Orlowski, U., Wasem, J. (2007), S. 149–153.

anderweitigen Krankenversicherung erweitert. Die jeweiligen Personengruppen werden vom Gesetzgeber in Weiterentwicklung der bis dahin geltenden Regelungen der GKV oder der PKV zugeordnet.[45] Durch die Versicherungspflicht kann eine nahezu vollständige Versicherungsdeckung in Deutschland erreicht werden.

Ein weiterer wichtiger Punkt sind die veränderten Bedingungen bei *Fusionen* von Krankenkassen. Bis zur Neuregelung war es bei den Ortskrankenkassen unklar, ob länderübergreifende kassenarteninterne Vereinigungen durch Verwaltungsratbeschlüsse zulässig sind oder dies nur über einen Staatsvertrag möglich ist. § 144 Abs. 1 SGB V regelt die Zulässigkeit dieser Beschlüsse der Verwaltungsräte. Zudem sind gemäß § 171a SGB V auch kassenartenübergreifende Fusionen möglich, wobei die neue Kasse erklären muss, welche Kassenzugehörigkeit aufrechterhalten werden soll. Weitere wichtige Regelungen in der Organisation der GKV sind das Gesetz der Einführungsregelung zur Insolvenzfähigkeit (§ 171b SGB V) sowie der Fortfall des Sonderstatus der Deutschen Rentenversicherung Knappschaft-Bahn-See und See-Krankenkasse, für die zuvor kein Wahlrecht für Versicherte bestand.[46]

Durch Fusionen ist allein im Jahr 2004 die Zahl der in Deutschland zugelassenen Krankenkassen um 20 Stück gesunken. Gab es im Jahre 1991 noch mehr als 1200 gesetzliche Krankenkassen waren es im Jahr 2008 nur noch 217 (siehe dazu auch Abbildung 3).[47] Vom Bundesministerium für Gesundheit werden die Fusionen begrüßt, da sich durch sie Kosteneinsparungen aufgrund der Vermeidung von Doppelstrukturen erhofft werden. Ob die Verwaltungskosten einer großen Kasse im Vergleich zu vielen Kleineren allerdings wirklich geringer sind, kann nicht mit abschließender Sicherheit gesagt werden (siehe zu Fusionen auch Kap. 3.1.2.5).[48]

---

[45] Vgl. Orlowski, U., Wasem, J. (2007), S. 9–12.
[46] Vgl. Orlowski, U., Wasem, J. (2007), S. 159–162.
[47] Vgl. Bundesministerium für Gesundheit (Hrsg.) (2008).
[48] Vgl. Handelsblatt (Hrsg.) (2005).

2.1 Wettbewerbsumfeld der gesetzlichen Krankenkassen 17

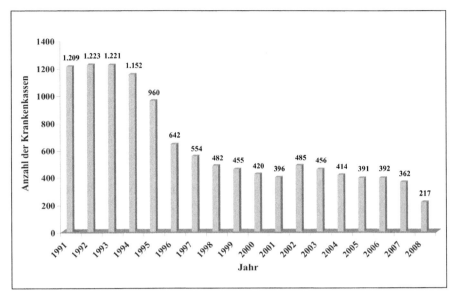

Abbildung 3: Anzahl der Krankenkassen in Deutschland zwischen 1991 und 2008
Quelle: Eigene Darstellung nach Bundesministerium für Gesundheit (Hrsg.) (2008).

Die Möglichkeit bzw. auch die Pflicht für Krankenkassen ihren Mitgliedern *Wahltarife* anzubieten, besteht seit dem 01.04.2007. Verpflichtend für die Krankenkassen sind dabei Tarifgestaltungen für die Teilnahme an besonderen Versorgungsformen. Diese bestanden bereits vor der Reform. Zu den besonderen Versorgungsformen gehören Modellvorhaben, die besondere ambulante Versorgung, die hausarztzentrierte Versorgung, strukturierte Behandlungsprogramme und die Integrierte Versorgung. Für diesen von den Mitgliedern freiwillig wählbaren Tarif besteht keine sonst übliche Bindungsfrist. Zu den freiwilligen Tarifen für die Kassen zählt u. a. die Option des Selbstbehalts, die bereits mit dem GMG eingeführt wurde und im Zuge des GKV-WSG erweitert wurde. Weitere Wahltarife bestehen für die Nichtinanspruchnahme von Leistungen, Tarife für Kostenerstattung, Kosten der Arzneimittel der besonderen Therapierichtungen, Wahltarif mit individuellem Krankengeldanspruch oder eingeschränktem Leistungsumfang. Diese freiwilligen Wahltarife haben eine Bindungsfrist von mindestens drei Jahren (siehe zu Wahltarifen auch Kap. 4.1).[49]

Krankenkassen und Leistungserbringer haben durch Neuerungen und Änderungen im Bereich der Versorgung die Möglichkeit, Selektivverträge abzuschließen. Darunter fallen die hausarztzentrierte Versorgung, die Integrierte Versorgung, die Disease Management Programme (siehe dazu Kapitel 2.1.1.1) und die besondere ambulante Versorgung.

Seit dem 01.04.2007 müssen die Krankenkassen ihren Versicherten eine flächendeckende hausarztzentrierte Versorgung anbieten. Versicherte sind zwar verpflichtet einen Hausarzt zu wählen[50], ihre Teilnahme an der hausarztzentrierten Versorgung ist jedoch freiwillig, dann aber für ein Jahr bindend. Das durch die Kassenärztliche Vereinigung geprägte Kollektivvertragssystem kann durch die Einzelverträge der Kassen mit den Ärzten abgelöst werden. Den Versicherten soll dadurch eine koordinierte, wirtschaftliche und besonders qualifizierte hausärztliche Versorgung angeboten werden. Die Mindestanforderungen an ein hausarztzentriertes Modell sind die Beachtung von Leitlinien, Fortbildung und internes Qualitätsmanagement sowie Qualitätszirkel zur Arzneimitteltherapie. Das Hausarztmodell wird, obwohl es gesetzlich verpflichtend ist, bislang nur von einem Drittel der Krankenkassen angeboten.[51]

Die Krankenkassen haben die Möglichkeit, ihren Versicherten zudem so genannte besondere Versorgungsaufträge für die ambulante Versorgung anzubieten, sind aber nicht dazu verpflichtet.[52] Diese können entweder indikationsbezogen oder auf die gesamte ärztliche Versorgung eines Versi-

---

[49] Vgl. AOK Bundesverband (Hrsg.) (o.J. b).
[50] Vgl. § 76 Abs. 3 Satz 2 SGB V.
[51] Vgl. Deutsches Institut für Service-Qualität (Hrsg.) (2009), sowie Wille, M., Koch, E. (2007), S. 259.
[52] Vgl. § 73c Abs. 1 SGB V.

cherten bezogen sein und müssen den Teilnehmern in Form von besonderen Tarifen angeboten werden. Eine Teilnahme der Versicherten ist wie im Fall der hausarztzentrierten Versorgung freiwillig, dann aber auch für mindestens ein Jahr bindend.[53]

Als ideale Ergänzung zu den zuvor genannten Vertragsmöglichkeiten gelten die Verträge zur Integrierten Versorgung. Die Krankenkassen können mit den Leistungserbringern autonome Verträge über sektoren- oder fächerübergreifende Versorgung abschließen. Eingeführt wurde die Integrierte Versorgung bereits im Zuge der Gesundheitsreform 2000, doch erst mehr Gestaltungsspielräume durch das GMG machten es für die Kassen attraktiv. Das vorrangige Ziel besteht darin, die sektoralen Schnittstellenprobleme zu überwinden. Es soll eine arbeitsteilige und strukturierte Zusammenarbeit zwischen ambulanter und stationärer Versorgung, sowie Rehabilitation und Pflege stattfinden. Dadurch soll die Qualität, die Effizienz und die Wirtschaftlichkeit im Gesundheitswesen verbessert werden. Im Zuge des GKV-WSG sind die Vorschriften zur Integrierten Versorgung nur begrenzt geändert worden. So wurden die Möglichkeiten zur ambulanten Versorgung durch Krankenhäuser, insbesondere in Fällen von seltenen Erkrankungen und Erkrankungen mit besonderen Verläufen, ausgeweitet. Es besteht ein Zulassungsmodell, § 116b Abs. 2 Satz 1 SGB V, welches eine deutliche Öffnung für zugelassene Krankenhäuser bringt. Für die Patienten eröffnet sich die Möglichkeit, sich für lediglich einen behandelnden Arzt zu entscheiden und nicht zwischen ambulant und stationär häufig wechseln zu müssen.[54]

Zu den Regelungen der *Arzneimittel* wurden im Zuge der Reform einige Änderungen vom Gesetzgeber vorgenommen. Zum einen sind Höchstbeträge für Nicht-Festbetrags-Arzneimittel eingeführt worden, allerdings mit

---

[53] Vgl. Orlowski, U., Wasem, J. (2007), S. 101–112.
[54] Vgl. Orlowski, U., Wasem, J. (2007), S. 122–122, sowie Wille, M., Koch, E. (2007), S. 239–240.

Ausnahmen. Ermittelt wird der Höchstbetrag aufgrund einer Kosten-Nutzen-Bewertung durch das Institut für Qualität und Wirtschaftlichkeit im Gesundheitswesen (IQWiG). Zum anderen kann der Fortfall von Zuzahlungen beschlossen werden, wenn das Preisniveau des Arzneimittels mindestens 30% unter dem jeweiligen Festbetrag liegt oder wenn Einsparungen dadurch zu erwarten sind.[55] Die Möglichkeit von Rabattverträgen zwischen Krankenkassen und Arzneimittelherstellern ist in Kapitel 3.1.2.3 näher erläutert.

Ihren Anspruch auf *Hilfsmittel* können Versicherte nach dem GKV-WSG nur noch bei Anbietern realisieren, die mit der jeweiligen Krankenkasse einen entsprechenden Vertrag haben. Ist dies nicht der Fall übernimmt die Kasse die Kosten in Höhe des niedrigsten Preises, der mit einem Vertragspartner ausgemacht wurde. Wenn ein berechtigtes Interesse besteht kann der Versicherte auch einen anderen Leistungserbringer wählen, muss aber die Mehrkosten selber tragen.[56]

Die größte und einschneidendste Veränderung im Zuge der Reform ist der zu Beginn 2009 eingeführte *Gesundheitsfonds*. Durch ihn verändern sich die Geldströme im System grundlegend. Aus den zuvor von jeder Krankenkasse selbst festgelegten Beitragssätzen wurde ein einheitlicher, durch Rechtsverordnung festgelegter Beitragssatz.[57] Die Beiträge werden nach wie vor von den Beitragszahlern an ihre jeweilige Kasse entrichtet, allerdings leitet diese sie an den Gesundheitsfonds weiter und erhält nach dem Risikostrukturausgleich entsprechende Zuweisungen (siehe dazu auch Abbildung 4). Die zu zahlenden Beiträge unterliegen einer Höchstgrenze, der so genannten Beitragsbemessungsgrenze[58], die eine degressive Beitragsstruktur bedingt, da Einnahmen oberhalb der Grenze unberücksichtigt blei-

---

[55] Vgl. Orlowski, U., Wasem, J. (2007), S. 26–29.
[56] Vgl. § 33 SGB V, sowie § 126 SGB V.
[57] Vgl. § 241 SGB V.
[58] Im Jahr 2009 beträgt die Beitragsbemessungsgrenze monatlich 3.675 Euro.

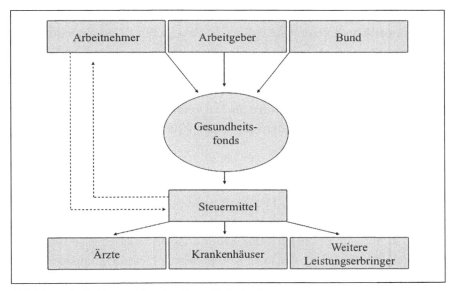

Abbildung 4: Zahlungsströme im Gesundheitsfonds
Quelle: Foerster, A.-F. (2008), S. 27.

ben.[59] Ab 2011 soll der Beitragseinzug gebündelt stattfinden.[60] Seit dem 1. Juli 2009 liegt dieser Beitragssatz bei 14,9% (siehe dazu auch Kap. 2.1.3).[61] Zudem fließen jährliche steuerliche Zuschüsse in den Gesundheitsfonds. Beginnend 2009 mit 4 Milliarden Euro soll sich die Höhe jährlich um 1,5 Milliarden Euro erhöhen bis das Niveau von 14 Milliarden Euro erreicht ist. Kann eine Krankenkasse mit den Zuweisungen ihre Leistungs- und Verwaltungsausgaben nicht decken, muss sie von den Versicherten eine Zusatzprämie erheben, bzw. kann sie im umgekehrten Fall eine Prämienzahlung an die Versicherten vornehmen.[62] Die erste Krankenkasse, die einen Zusatzbeitrag erhoben hat, ist die Gemeinsame Betriebs-

---

[59] Vgl. AOK Bundesverband (Hrsg.) (o. J. c).
[60] Vgl. Marburger, H. (2007), S. 47.
[61] Vgl. Deutsche Sozialversicherung (Hrsg.) (o. J.).
[62] Vgl. Orlowski, U., Wasem, J. (2007), S. 31–47.

krankenkasse Köln (GBK). Dieser wird seit 01. Juli 2009 in Höhe von 8 Euro monatlich erhoben.[63] Allerdings ist dabei auch zu beachten, dass der Beitragssatz vor Einführung des Gesundheitsfonds bei der GBK im Jahr 2008 bei 16,6% lag. Weitere Anträge auf Erhebung eines Zusatzbeitrags liegen dem Bundesversicherungsamt (BVA) bislang nicht vor. Bereits drei Krankenkassen erstatten Prämien an ihre Versicherten.[64] So zahlt bspw. die IKK Südwest ihren Mitgliedern seit 01. Juli 2009 jährlich eine Prämie von 100 Euro aus.[65]

Im Zuge der Einführung des Gesundheitsfonds wurde auch der Risikostrukturausgleich geändert. Die Merkmale, nach welchen sich der Ausgleich errechnet, wurden um die Morbidität der Versicherten erweitert. Daraus ergibt sich der neue Name Morbiditätsorientierter Risikostrukturausgleich (Morbi-RSA). Die zwei Komponenten Finanzkraftausgleich und Beitragsbedarfsausgleich reduzieren sich auf letzteren, da aufgrund der direkten Einzahlung in den Fonds das Pro-Kopf-Einkommen der einzelnen Versicherten keinen Einfluss mehr hat. Der Gesetzgeber sieht vor, dass es für jeden Versicherten eine risikostrukturunabhängige Grundpauschale und alters-, geschlechts- und risikoadjustierte Zu- und Abschläge gibt. Durch die Morbiditätsorientierung entfällt auch die gesonderte Gliederung für Versicherte, die in strukturierten Behandlungsprogrammen eingeschrieben sind. Der Gesetzgeber sieht allerdings eine Pauschale zur Deckung der Kosten dieser Programme vor.[66]

Zuvor gab es für die Krankenkassen den Anreiz, überdurchschnittlich gesunde Versicherte zu gewinnen, da diese durchschnittliche Zuweisungen aus dem RSA erhalten haben, aber nur unterdurchschnittliche Leistungsausgaben verursachten. Mit den 2001 eingeführten DMPs wurde ein erster

---

[63] Vgl. GBK-Köln (Hrsg.) (2009).
[64] Vgl. Bundesversicherungsamt (Hrsg.) (2009b).
[65] Vgl. IKK Südwest (Hrsg.) (2009).
[66] Vgl. Orlowski, U., Wasem, J. (2007), S. 43–47.

Schritt entgegen den Auswirkungen der Ungleichverteilung chronisch Kranker auf die Krankenkassen gemacht. Allerdings wirkten diese lediglich begrenzt, da es nur auf eine kleine Zahl von Erkrankungen beschränkt war. Um Beitragssatzunterschiede erzielen zu können, war es für die Kassen einerseits interessant junge gesunde Versicherte anzuziehen, andererseits aber auch Personen bestimmter Krankheitsgruppen, die zuvor als ungünstige Risiken eingestuft wurden und dann als besonders attraktiv galten. Der Morbi-RSA soll diese Anreize zur Risikoselektion verringern. Die Kriterien sind auf 50–80 Erkrankungen reduziert, insbesondere solche mit schwerwiegendem Verlauf und kostenintensive chronische Krankheiten. Diese Einschränkung hat für viele Diskussionen gesorgt, inwiefern aber das Fehlen einiger Erkrankungen zu Verzerrungen im System führen, die ein nicht hinnehmbares Niveau erreichen, lässt sich erst nach einiger praktischer Erfahrung sehen.[67]

Wichtige Änderungen und Weiterentwicklungen sieht das GKV-WSG auch im Bereich der *Prävention und Gesundheitsförderung* vor. Darunter fällt zum einen die Pflicht von Maßnahmen zur betrieblichen Gesundheitsförderung, die zuvor für die Krankenkassen eine freiwillige Leistung waren. Die Verantwortlichen und die Versicherten in den Betrieben sind dabei miteinzubeziehen. Zudem sind die Kassen dazu verpflichtet, die Förderung von Selbsthilfegruppen auszubauen, sowie Schutzimpfungen zu finanzieren, die vom Robert-Koch-Institut empfohlen werden.[68] Ein aktuelles Beispiel sind die Diskussionen über die Finanzierung der Schweinegrippeimpfung (siehe dazu Kap. 3.1.1.1).

Doch nicht nur die GKV, sondern auch die *PKV* ist durch die Reform betroffen. So wird zum einen die Möglichkeit für besser verdienende in die PKV zu wechseln erschwert, da die Versicherungspflicht in der Gesetz-

---

[67] Vgl. Schulte, C., Sievers, C., Tebarts, K. (2008), S. 58–75.
[68] Vgl. Orlowski, U. Wasem, J. (2007), S. 24–25, sowie § 20 SGB V.

lichen Krankenversicherung erst endet, wenn das Einkommen die Jahresarbeitsentgeltgrenze drei Jahre in Folge überschritten hat.[69] Zudem sind die Unternehmen der Privaten Krankenversicherung seit dem 01.01.2009 verpflichtet, zu einem neu geschaffenen Basistarif bestimmten Personengruppen Versicherungsschutz zu gewähren. Die Grundzüge des Leistungskatalogs für den Basistarif gibt der Gesetzgeber vor.[70]

Insgesamt betrachtet haben sich die Voraussetzungen und Bedingungen für die gesetzlichen Krankenkassen seit dem Gesundheitsreformgesetz 1989 vielfältig geändert. Die wichtigsten Einschnitte waren die Einführung der Kassenwahlfreiheit 1996 und des Gesundheitsfonds 2009. Die Veränderungen und ihre Auswirkungen innerhalb der Kassenlandschaft wurden u. a. anhand der vielen Fusionen und einer starken Verringerung der Anzahl an Kassen deutlich, aber auch an der Wanderung der Mitglieder zwischen den Kassen. Die Zeiten von bürokratisch organisierten Verwaltungen in den gesetzlichen Krankenkassen sind vorbei. Die Gewinnung und Bindung von Versicherten ist den Spielregeln eines freien Markts unterworfen.[71]

2.1.2 Zahlen und Fakten zum GKV-Markt

Die Anzahl der gesetzlich *Versicherten* in Deutschland ist sehr konstant und lag im Jahr 2008 bei 70,066 Millionen, knapp 90% der deutschen Bevölkerung.[72] Wie sich der Kreis der Versicherten zusammensetzt wird in Kapitel 2.1.3 erläutert. Die Zahl der Versicherten ist für das Management der Krankenkassen sehr wichtig, da sie die Größe des GKV-Marktes ausmacht (siehe dazu Kapitel 3.1.1.2).

---

[69] Für das Jahr 2009 beträgt die Jahresarbeitsentgeltgrenze 48.600 Euro.
[70] Vgl. Orlowski, U., Wasem, J. (2007), S. 162–172.
[71] Vgl. Pester, R. (2005), S. 25.
[72] Vgl. Bundesministerium für Gesundheit (Hrsg.) (2009a).

2.1 Wettbewerbsumfeld der gesetzlichen Krankenkassen

Wie bereits in Kapitel 2.1.1.1 genannt, gibt es in der GKV verschiedene *Arten* von *Krankenkassen*, deren Unterschiede historisch bedingt sind. Im Jahr 2008 gab es in Deutschland 217 Krankenkassen. Diese teilten sich auf in Ortskrankenkassen, Betriebskrankenkassen, Innungskrankenkasse, Landwirtschaftliche Krankenkasse, die Bundesknappschaft und Ersatzkassen für Arbeiter oder Angestellte. Zur Aufteilung der Kassenarten im Jahr 2008 siehe Abbildung 5. Seit 01.01.2008 existiert die See-Krankenkasse nicht mehr in ihrer alten Form, da sie mit der Bundesknappschaft fusioniert hat.[73]

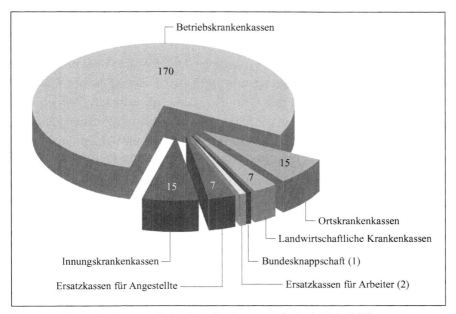

Abbildung 5: Zahl der gesetzlichen Krankenkassen nach Art im Jahr 2008
Quelle: Statistisches Bundesamt (Hrsg.) (2009).

Die *Ausgaben* im Gesundheitswesen unterscheiden sich in Gesamtausgaben und GKV-Ausgaben. Die Gesamtausgaben für Gesundheit in Deutschland betrugen im Jahr 2007 252,8 Milliarden Euro und sind im Vergleich zum Vorjahr um 3,2% gestiegen. Diese beinhalten u.a. auch die PKV-Ausgaben

---

[73] Vgl. See-Berufsgenossenschaft – See-Krankenkasse (Hrsg.) (2007).

oder die Ausgaben privater Haushalter oder privater Organisationen ohne Erwerbszweck. Den größten Anteil der Gesamtausgaben machen dabei die gesetzlichen Krankenversicherungen aus. 2007 lagen ihre Ausgaben bei 145,4 Milliarden Euro, das entspricht einem Anteil an den Gesamtausgaben von 57,5 %. Wie sich diese Ausgaben auf die verschiedenen Leistungserbringer verteilen geht aus Abbildung 11 in Kapitel 3.1.2.3 hervor. Relativ zum BIP sind die GKV-Ausgaben, wie auch die Gesamtausgaben, weitgehend konstant in den letzten Jahren. Mitte der 1990er-Jahre kam es zu einem Ausgabenanstieg im Zuge der Einführung der Pflegeversicherung. Die Ausgaben der GKV wurden dadurch jedoch nicht belastet sondern entlastet.[74]

Ein weiterer wichtiger Punkt der Ausgaben der GKV sind die Verwaltungskosten. Von Politik und Leistungserbringern wird sowohl die absolute Höhe, als auch der Anteil an den GKV-Ausgaben oft kritisiert. Jedoch liegt der Verwaltungskostenanteil mit 5,5 % von den gesamten Ausgaben niedriger, als bspw. bei der Bundesagentur für Arbeit, deren Verwaltungsausgaben bei 13,2 % im Jahr 2006 lagen. Seit dem 01.01.2009 werden die Verwaltungskosten der GKV auch durch den Gesundheitsfonds ausgeglichen. Die Verteilung erfolgt 50 % nach Anzahl und 50 % nach Morbidität der Versicherten. Für die Kassen besteht dadurch der Anreiz mit ihren Verwaltungsausgaben unter den Zuweisungen zu liegen, um so einen positiven Deckungsbeitrag zu erzielen.[75]

Neben den sachlichen Ressourcen benötigt eine Krankenkasse auch personelle Ressourcen. Im Jahr 2005 lag die Anzahl der *Beschäftigten* bei 140.747, und lediglich 3,3 % der Anzahl aller Beschäftigten im deutschen Gesundheitswesen. Im Gegensatz zum allgemeinen Trend im Gesundheitswesen sind die Beschäftigtenzahlen in der GKV rückläufig. So lagen sie im Jahr 2007 nur noch bei 135.378.[76]

---

[74] Vgl. Simon, M. (2008), S. 63–109, sowie Statistisches Bundesamt (Hrsg.) (2009).
[75] Vgl. Osterkamp, N. (2008), S. 119–131.
[76] Vgl. Simon, M. (2008), S. 128–129, sowie GBE-Bund (Hrsg.) (2009b).

Die 10.698 Mitarbeiter der Techniker Krankenkasse im Jahr 2008 bspw. teilten sich auf in 8.862 Mitarbeiter in den Geschäftsstellen, den Service- und Abrechnungszentren und im Vertrieb, 1.623 in der Hauptverwaltung und 213 in den Landesvertretungen. Hinzu kamen 10.777 ehrenamtliche Berater, die in ihrem privaten Umfeld über die Techniker Krankenkasse informieren.[77]

2.1.3 Rahmenbedingungen in der GKV

Krankenkassen, die Träger der gesetzlichen Krankenversicherung, sind Körperschaften des öffentlichen Rechts mit Selbstverwaltung.[78] Die Kassen regeln ihre Belange im Rahmen der bestehenden Gesetze selbst und verfügen über gewisse Entscheidungskompetenzen.[79] Die gesetzliche Krankenversicherung ist eine der drei klassischen Zweige der Sozialversicherung, welche aus Krankenversicherung, Unfallversicherung, und Rentenversicherung besteht. Seine Grundprinzipien sind *Solidarität*, *Eigenverantwortung*, *Wirtschaftlichkeit* und *Beitragssatzstabilität*.[80] Weitere wichtige Rahmenbedingungen im Wettbewerb der Krankenkassen sind die *Versicherten*, bzw. der versicherte Personenkreis, die *Finanzierung* und die Art der *Leistungserbringung* in der GKV.

Gemäß § 1 SGB V soll die GKV als Solidargemeinschaft die Folgen des Eintritts von Krankheit und Behinderung unter aktiver Mitwirkung der Versicherten überwinden helfen. Der genannte Paragraph steht unter der Überschrift *Solidarität* und *Eigenverantwortung*. „Die Krankenkassen haben den Versicherten dabei durch Aufklärung, Beratung und Leistungen zu helfen und auf gesunde Lebensverhältnisse hinzuwirken"[81] Die Versicher-

---
[77] Vgl. Techniker Krankenkasse (Hrsg.) (2008).
[78] Vgl. § 4 Abs. 1 SGB V.
[79] Vgl. Simon, M. (2008), S. 82.
[80] Vgl. Greß, S., Wasem, J. (2001), S. 21.
[81] § 1 SGB V.

ten sind damit nicht nur ein passiver Part, sondern aktiv mitverantwortlich für ihre Gesundheit.[82]

Das Solidarprinzip spielt auch bei der Finanzierung eine entscheidende Rolle. Es wird nicht durch direkte und unmittelbare Hilfeleistungen zwischen einzelnen Personen umgesetzt, sondern im Zuge interpersonaler Umverteilung der Ausgaben für Krankenversorgung und unterstützende Geldleistungen. Die wichtigsten sind dabei der Solidarausgleich zwischen Gesunden und Kranken, zwischen höheren und niedrigeren Einkommen und zwischen Beitragszahlenden und beitragsfrei versicherten Familienangehörigen.[83]

Ein weiterer wichtiger Punkt für die gesetzlichen Krankenkassen im Hinblick auf Kompetenz, Aufgabe und Verantwortlichkeit ist das gesetzlich geregelte *Wirtschaftlichkeitsprinzip*. Dadurch werden die Beziehungen zwischen Kasse und Leistungsanbietern, sowie Kasse und Versicherten zentral strukturiert.[84] „Die Leistungen müssen ausreichend, zweckmäßig und wirtschaftlich sein; sie dürfen das Maß des Notwendigen nicht überschreiten. Leistungen, die nicht notwendig oder unwirtschaftlich sind, können Versicherte nicht beanspruchen, dürfen die Leistungserbringer nicht bewirken und die Krankenkassen nicht bewilligen."[85] Verträge und Vereinbarungen zwischen den Kassen und Leistungserbringern sind nach gesetzlichen Regelungen gemäß SGB V und dem Krankenhausfinanzierungsgesetz so zu gestalten, dass Beitragssatzerhöhungen (im Sinne der *Beitragssatzstabilität*) ausgeschlossen sind.[86] Kann die notwendige medizinische Versorgung nicht anders gewährleistet werden, sind Beitragssatzerhöhungen nicht nur zulässig, sondern sogar gesetzlich vorgeschrieben.[87]

---

[82] Vgl. Greß, S., Wasem, J. (2001), S. 20.
[83] Vgl. Simon, M. (2008), S. 67–68.
[84] Vgl. Greß, S., Wasem, J. (2001), S. 21.
[85] § 12 SGB V Abs. 1.
[86] Vgl. § 71 SGB V Abs. 1.
[87] Vgl. Simon, M. (2008), S. 75.

Seit Einführung des Gesundheitsfonds ist das Prinzip der Beitragssatzstabilität jedoch eingeschränkt zu sehen, da die Kassen selber keinen Einfluss mehr auf ihn haben. Jedoch ist die Höhe des Zusatzbeitrags die neue Stellschraube der Krankenkassen und nach § 242 SGB V gesetzlich begrenzt.

Die aufgeführten Prinzipien können für die Krankenkassen inhärente Spannungen bedeuten. So u. a. zu erkennen in der Förderung der Eigenverantwortung der Versicherten. Diese äußert sich insbesondere durch angebotene Wahlrechte, wodurch automatisch ein Wettbewerb zwischen den Kassen entsteht. Sie stehen damit vor dem Problem, einerseits den Versicherten möglichst viele Wahlmöglichkeiten anzubieten und andererseits eine Verletzung des Solidarprinzips zu vermeiden. Durch die Einführung des Morbi-RSA 2009 wurden die Anreize für die Kassen neu justiert und die Spannungen zwischen Solidarprinzip und Wahlmöglichkeiten für die Versicherten gemindert.[88]

Die *Versicherten* sind im Wettbewerb zwischen den gesetzlichen Krankenkassen zunehmend in den Fokus gerückt.[89] Vor Einführung der Kassenwahlfreiheit bedeuteten neue Mitglieder gesteigertes Prestige und im Fall von guten Risiken eine Verbesserung der Leistungsfähigkeit. Auch die Besoldung der Geschäftsführer war abhängig von der Mitgliederzahl.[90] Diese Situation hat sich mit Einführung der Wahlfreiheit grundlegend geändert. Die Gewinnung von neuen Mitgliedern und das Halten von bereits Versicherten ist nicht mehr nur eine Frage des Prestiges und Verbesserung der Leistungsfähigkeit, sondern eine der Existenz. Die für zuvor bestimmte Kassen gesetzlich bestehende Bestandsschutzregelung wurde aufgehoben. Kann eine Kasse ihre Leistungsfähigkeit auf Dauer nicht mehr sicherstellen wird sie von der Aufsichtsbehörde geschlossen.[91]

---

[88] Vgl. Greß, S., Wasem, J. (2001), S. 21–22.
[89] Vgl. Zerres, M., Potratz, A. (2006), S. 155.
[90] Vg. Loytved, H. (1980), S. 64–65.
[91] Vgl. Pester, R. (2005), S. 60–62.

Der versicherte Personenkreis in der GKV teilt sich auf in versicherungsberechtigte und versicherungspflichtige Personen sowie Familienangehörige. Seit der Gesundheitsreform 2007 herrscht eine Versicherungspflicht für die gesamte Bevölkerung (siehe Kap. 2.1.1.2).[92] Versicherungspflichtig sind Arbeiter, Angestellte und Auszubildende, die gegen Entgelt beschäftigt sind. § 5 SGB V beinhaltet einen Katalog von 13 versicherungspflichtigen Gruppen.[93] Die freiwillige Versicherung in der GKV ist in § 9 SGB V geregelt. Darunter fallen u.a. „Personen, die als Mitglieder aus der Versicherungspflicht ausgeschieden sind und in den letzten fünf Jahren vor dem Ausscheiden mindestens vierundzwanzig Monate oder unmittelbar vor dem Ausscheiden ununterbrochen mindestens zwölf Monate versichert waren;".[94] Familienversichert nach § 10 SGB V sind der Ehegatte, der Lebenspartner und die Kinder von Mitgliedern, aber nur, wenn die Familienangehörigen Wohnsitz oder gewöhnlichen Aufenthalt im Inland haben und ihr Einkommen eine bestimmte Grenze nicht überschreitet.[95]

Im Gegensatz zu bspw. dem britischen National Health Service, welcher durch Steuergelder finanziert wird, sind die deutschen Krankenversicherungen beitragsfinanzierte Sicherungssysteme.[96] Das *Finanzierungsmodell* der GKV besteht, wie bereits in Kapitel 2.1.1.2 erläutert, seit dem 01.01.2009 aus dem Gesundheitsfonds. Die Beiträge werden von den Versicherten weiterhin an die jeweilige Krankenkasse entrichtet, diese leitet sie aber direkt an den Fonds weiter. Eingerichtet ist der Fonds als Sondervermögen beim Bundesversicherungsamt. Der Beitragssatz wird von der Bundesregierung für das jeweils darauf folgende Jahr festgelegt.[97] Die Kassen haben nicht mehr die Möglichkeit den Beitragssatz als Stellschrau-

---

[92] Vgl. Orlowski, U., Wasem, J. (2007), S. 9.
[93] Vgl. Pester, R. (2005), S. 32–33.
[94] § 9 SGB V Abs. 1.
[95] Vgl. Specke, H. K. (2005), S. 560–562.
[96] Vgl. Wasem, J., Greß, S. (2006), S. 219.
[97] Vgl. § 220 SGB V in Verbindung mit § 241 SGB V.

2.1 Wettbewerbsumfeld der gesetzlichen Krankenkassen

be bei Über- bzw. Unterdeckung zu nutzen. Es ist gesetzlich geregelt, dass die Leistungs- und Verwaltungsausgaben zu mindestens 95% durch den Fonds gedeckt sein müssen. Ist dies nicht der Fall, muss die Bundesregierung den Beitragssatz anheben, bzw. im umgekehrten Fall senken.[98]

Die Finanzierung in den gesetzlichen Krankenversicherungen erfolgt nach dem Umlageverfahren[99] und wird insbesondere durch das SGB V geregelt.[100] Neue Stellschraube für die Krankenkassen ist der Zusatzbeitrag. Dieser wird erhoben, wenn der Finanzbedarf durch die Zuweisungen aus dem Gesundheitsfonds nicht gedeckt ist.[101] Führt eine Krankenkasse einen Zusatzbeitrag ein oder erhöht einen bereits bestehenden, haben die Versicherten, die im Regelfall 18 Monate an ihre Krankenversicherung gebunden sind, ein Sonderkündigungsrecht bis zur erstmaligen Fälligkeit des (erhöhten) Zusatzbeitrags.[102] Eine Überforderungsklausel begrenzt den Zusatzbeitrag auf höchstens 1% der beitragspflichtigen Einnahmen der Versicherten, es sei denn, er übersteigt monatlich nicht den Betrag von acht Euro. Diese Regelung kann zu starken Verwerfungen im Kassenwettbewerb führen, da ein entsprechend höherer Zusatzbeitrag von einkommensstärkeren Mitgliedern erhoben werden muss, wenn die einkommensschwächeren durch die Klausel befreit sind. Zudem kann die Begrenzung dazu führen, dass es manchen Kassen nicht mehr möglich ist ihre Ausgaben zu finanzieren.[103]

Die *Leistungen* werden in der GKV im Krankheitsfall hauptsächlich als Sach- und Dienstleistung gewährt. Diese werden jedoch nicht von den Kassen selbst erbracht, sondern durch Verträge mit Leistungserbringern.

---

[98] Vgl. Orlowski, U., Wasem, J. (2007), S. 31–47.
[99] Beim Umlageverfahren werden die eingezahlten Beiträge in die gesetzliche Krankenversicherung unmittelbar für die Finanzierung der erbrachten Leistungen herangezogen.
[100] Vgl. Lampert, H., Althammer, J. (2007), S. 284–289.
[101] Vgl. § 242 Abs. 1 Satz 1 SGB V.
[102] Vgl. § 175 Abs. 4 Satz 5 SGB V.
[103] Vgl. Orlowski, U., Wasem, J. (2007), S. 42.

Sie arbeiten gegen Zahlung einer, durch die jeweilige Krankenkasse vereinbarten, Vergütung.[104] Abbildung 6 erklärt das Prinzip der Sachleistung und die Verbindung der beteiligten Akteure graphisch.

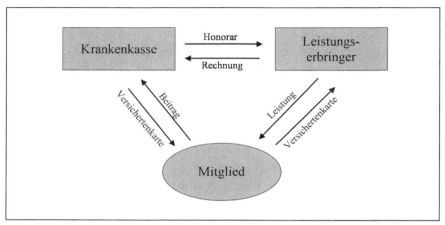

Abbildung 6: Das Sachleistungsprinzip
Quelle: Simon, Michael (2008), S. 77.

Ein Nachteil des Sachleistungsprinzips ist die mangelnde Transparenz, da die Versicherten nicht erfahren, welche Kosten durch ihre Behandlung entstanden sind und ob die abgerechneten Leistungen auch tatsächlich erbracht wurden. Anders ist dies beim Kostenerstattungsprinzip, das in der Privaten Krankenversicherung vorherrschend ist. Dabei zahlt der Empfänger der medizinischen Leistung die Rechnung vom Leistungserbringer und bekommt diese danach von der Versicherung erstattet. Gemäß § 13 SGB V ist dies auch für gesetzlich Versicherte möglich.[105]

Die Leistungen, welche die Kassen zu gewähren haben, um ihre Aufgabe gemäß § 1 SGB V zu erfüllen, sind in § 11 SGB V geregelt. Diese bestehen

---

[104] Vgl. Simon, M. (2008), S. 76, 139.
[105] Vgl. Simon, M. (2008), S. 77–78.

aus Verhütung, Früherkennung und Behandlung von Krankheiten, medizinischer Rehabilitation, Empfängnisverhütung, Sterilisation und Schwangerschaftsabbruch sowie aus Krankengeldzahlungen. Etwa 95 % dieser Leistungen sind gesetzlich fixiert und bei allen Kassen der GKV identisch.[106] In den letzten Jahrzehnten wurden den Kassen vom Gesetzgeber zunehmend mehr und weiter gefasste Aufgaben zugewiesen.[107]

2.2 Die Grundzüge des strategischen Managements

2.2.1 Grundlagen des strategischen Managements

Der Begriff „strategisches Management" fand erst sehr spät Einzug in die Betriebswirtschaftslehre. Im Allgemeinen werden seine Anfänge auf Mitte der 60er Jahre datiert. Eingeführt zunächst im anglo-amerikanischen Raum durch Ansoff (1965) sowie verschiedenen weiteren Vertretern des „Harvard Approach".[108] Einige wichtige Werke, u. a. von Newman, gehen aber bereits zurück auf die frühen 50er Jahre.[109] Trotz dieser sehr jungen Geschichte hat sich mit diesem Thema bereits eine große Anzahl an Wissenschaftlern beschäftigt. Deren jeweiliges Verständnis des Begriffs unterscheidet sich jedoch sowohl inhaltlich als auch methodisch deutlich voneinander.[110]

Seine etymologisch-historischen Wurzeln findet der Begriff „Strategie" in dem griechischen Wort „Strategos". Dieses bezeichnet die Kunst der Heerführung und wurde zunächst auch im deutschsprachigen Raum im militärischen Bereich genutzt. Seine Übertragung in die Betriebswirtschaftslehre fand Mitte des 20. Jahrhunderts im Rahmen der Spieltheorie statt. Gemäß

---
[106] Vgl. Moos, G., Brüggemann, F. (2006), S. 337.
[107] Vgl. Simon, M. (2008), S. 131.
[108] Vgl. Welge, M. K., Al-Laham, A. (2003), S. 12.
[109] Vgl. Mintzberg, H. (1990), S. 171.
[110] Vgl. Hungenberg, H. (2008), S. 3–5.

dieser ist eine Strategie ein Plan, den der jeweilige Spieler vor dem Spiel entwickelt. Er entscheidet nicht spontan in der jeweiligen Situation, sondern legt Handlungsoptionen für alle möglichen Situationen vorher fest.[111] Die Ursache der Vielfalt und mangelnden Konzeptionalität des Strategiebegriffs könnte zum einen an den unterschiedlichen Disziplinen liegen, die dieses junge Forschungsgebiet beinhaltet. Zum anderen spricht die Vielfalt der Definitionen auch für die große Komplexität strategischer Phänomene in Unternehmen.[112]

Trotz unterschiedlicher Perspektiven und abweichender Ausgangspositionen der Arbeiten, die sich mit strategischem Management beschäftigen, handelt es sich keineswegs um einen Sammelbegriff für Themengebiete ohne Zusammenhang. Sie verbindet ein gemeinsames Grundverständnis, das an einigen Merkmalen deutlich wird. So gelten Entscheidungen des Managements, welche die grundsätzliche *Richtung der Unternehmensentwicklung* bestimmen als strategisch. Da diese nicht ohne weiteres verändert werden kann, handelt es sich um eine langfristige Entscheidung, die aber aufgrund von z. B. Änderungen in der Umwelt des Unternehmens durchaus geändert, bzw. angepasst werden kann. Das Unternehmen muss in der Lage sein, Vorteile gegenüber Konkurrenten aufzubauen, zu erhalten und sich damit *langfristigen Erfolg* zu sichern. Eine weitere wichtige strategische Entscheidung betrifft die Positionierung des Unternehmens im Markt und die Ausgestaltung seiner Ressourcenbasis. Diese Entscheidungen zur grundsätzlichen *internen und externen Ausrichtung* des Unternehmens und nicht nur zum Anstoß einzelner, konkreter Handlungen, soll dazu führen *Erfolgspotenziale* zu schaffen, die es für das Unternehmen im täglichen Geschäft zu nutzen gilt. Die Ausrichtung des Unternehmens kann nur aus einer *übergreifenden Perspektive* heraus grundlegend beeinflusst werden und stellt für sie daher eine sehr komplexe Aufgabe dar.[113]

---

[111] Vgl. Neumann, J. v., Morgenstern, O. (1961), S. 79.
[112] Vgl. Welge, M. K.; Al-Laham, A. (2003), S. 12–13.
[113] Vgl. Hungenberg, H. (2008), S. 4–7.

2.2 Die Grundzüge des strategischen Managements

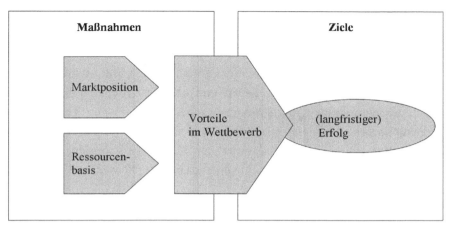

Abbildung 7: Grundverständnis des strategischen Managements
Quelle: Hungenberg, H. (2006), S. 6.

Strategische Entscheidungen bestimmen demnach die Position des Unternehmens im Markt und die Ausgestaltung seiner Ressourcenbasis aus einer übergeordneten Perspektive. Ziel ist es dabei den langfristigen Erfolg zu sichern. Dieses Grundverständnis des strategischen Managements ist in Abbildung 7 graphisch dargestellt. Objekte der strategischen Entscheidungen sind Strategien, Strukturen und Systeme. Strategien bestimmen die Ausrichtung des Unternehmens, Strukturen regeln die Zusammenarbeit der Menschen im Unternehmen und Systeme bezeichnen die Instrumente, die zur Führung des Unternehmens benötigt werden. Aufgrund von Entscheidungen, die das jeweilige Unternehmen über Strategien, Strukturen und Systeme fällt, kann dieses Handeln als Entscheidungsprozess bezeichnet werden und als ein Phasenmodell dargestellt werden. Hungenberg teilt den Prozess des strategischen Managements in drei Teilschritte auf: die strategische Analyse, die Strategieformulierung und -auswahl und die Strategieimplementierung.[114]

---

[114] Vgl. Hungenberg, H. (2008), S. 8–11.

Welge und Al-Laham sehen in diesem Prozess vor der strategischen Analyse noch die Phase der Zielbildung.[115] Hungenberg ordnet die Ziele der Unternehmung dem normativen Management (siehe dazu Kapitel 3.3) zu. Darunter fasst er solche Entscheidungen zusammen, die im Sinne einer Norm von den Trägern vorgegeben und nicht sachlich begründet sind durch übergeordnete Unternehmensentscheidungen.[116] Die gesetzlichen Krankenkassen haben sich den normativen Rahmenbedingungen, welche insbesondere durch das Sozialgesetzbuch vorgegeben werden, zu unterwerfen. Aktivitäten, die darin nicht ausdrücklich zugelassen sind, gelten als verboten.[117]

2.2.2 Normatives Management

Das normative Management ist dem strategischen Management vorgelagert und ist der Ausgangspunkt aller Managementaufgaben. Es beschreibt das Selbstverständnis eines Unternehmens. Dieses ist in der Vision, der Mission und den grundlegenden Zielen, getragen von der Unternehmensverfassung und Unternehmenskultur, des Unternehmens zu finden. Eine Vision ist die Leitidee der unternehmerischen Tätigkeit und gibt die angestrebte Entwicklung vor. Sie formuliert einen Anspruch, an dem sich die Mitarbeiter orientieren können. Ihre Funktionen bestehen in der Identitätsfunktion, einer Identifikationsfunktion und der Mobilisierungsfunktion. Die schriftliche Umsetzung dieser Vision ist die Mission. Sie formuliert die Grundsätze und Leitlinien des Unternehmens. Als zwingende Voraussetzung für jedes wirtschaftliche Handeln wird die Auswahl von Zielen definiert. Erst wenn diese definiert sind ist es auch möglich die Leistungen im Unternehmen zu beurteilen.[118]

---

[115] Vgl. Welge, M. K., Al-Laham, A. (2003), S. 99.
[116] Vgl. Hungenberg, H. (2008), S. 25.
[117] Vgl. Moos, G., Brüggemann, F. (2006), S. 337.
[118] Vgl. Hungenberg, H. (2008), S. 25–27.

Die Techniker Krankenkasse bspw. sieht sich als junges und dynamisches Unternehmen, dessen Priorität auf dem Service und den Leistungen liegt.[119] Das ist auch aus ihrer Vision und ihrer Präambel ersichtlich: „Wir sind die modernste und leistungsfähigste Krankenkasse Deutschlands".[120] Hingegen versteht die Barmer Ersatzkasse Solidarität als ihr Markenzeichen. Sie sieht ihre Aufgabe u. a. darin, sozial- und gesundheitspolitische Fragen mitzubestimmen und in der langfristigen Sicherung der Stabilität und des Fortschritts der Sozialversicherung.[121] Eine zentrale Aussage des Leitbildes der AOK Baden-Württemberg ist, dass sie die Mitarbeiter als wichtigstes Kapital ansehen.[122]

Im Vergleich zu erwerbswirtschaftlichen Unternehmen, die den Fokus auf den finanziellen Erfolg und der damit einhergehenden Steigerung des Unternehmenswertes legen, ist die Struktur der GKV stark auf gemeinwirtschaftliches Verwaltungshandeln ausgerichtet. Die normativen Rahmenbedingungen, insbesondere durch die Soziale Gesetzgebung, sind für die Kassen vorgegeben und sie müssen sich ihnen unterwerfen. Was nicht explizit zugelassen ist gilt als verboten. Diese fehlenden Freiheitsgrade führen dazu, dass der Unternehmenswert einer Kasse nur in Einklang mit den für sie bestehenden Restriktionen bestimmt werden kann. Wichtigste Zielsetzung ist damit die Schaffung und Steigerung des Kundennutzens, aber auch finanzielle Aspekte wie Sparsamkeit und Wirtschaftlichkeit, wie bereits in den Rahmenbedingungen in Kapitel 2.1.3 erläutert. Man kann die GKV aber nicht mit einem erwerbswirtschaftlichen Unternehmen gleichsetzen, da in diesen Aktionäre freiwillig ihr Geld in ein Unternehmen einbringen und es diesem bei Misserfolg auch wieder entziehen können. In der GKV herrscht für viele Beitragszahler eine Zwangsmitgliedschaft. Aus diesem Grund orientiert sich der Unternehmenswert

---

[119] Vgl. AUBI-Plus (Hrsg.) (o. J.).
[120] AUBI-Plus (Hrsg.) (o. J.).
[121] Vgl. Barmer (Hrsg.) (o. J.).
[122] Vgl. AOK (Hrsg.) (o. J. a).

der Krankenkassen an der Schaffung und Steigerung des Kundennutzens und bedingt durch die Kassenwahlfreiheit einen Wettbewerb um Mitglieder.[123]

Die Formulierung der grundsätzlichen Ausrichtung einer Krankenkasse obliegt dem Vorstand. Diese Richtlinienkompetenz ist gesetzlich in § 35 Abs. 2 SGB IV verankert. Zudem ist dem Verwaltungsrat laut SGB V die Aufgabe zugeteilt solche Entscheidungen zu treffen, die für die Kasse von grundsätzlicher Bedeutung sind.[124] Die Rahmenbedingungen im GKV-Markt haben sich in den letzten Jahren vielfach geändert. Unternehmenskultur und Traditionen der Organisationen sind stark durch die Vergangenheit geprägt. Dies wird u. a. an der ungleichen Ausgangsbasis nach Einführung der Kassenwahlfreiheit klar.[125]

2.2.3 Operatives Management und seine Beziehung zum strategischen Management

Eine dem strategischen Management untergeordnete Aufgabe ist das operative Management. Es bezieht sich auf das tägliche Handeln und auf einzelne Organisationseinheiten innerhalb des Unternehmens. Seine Aufgabe besteht darin Ziele und Maßnahmen für Funktionsbereiche[126] einzelner, abgegrenzter Perioden festzulegen, umzusetzen und zu überwachen. So kann z. B. im Produktionsbereich ein Programm erarbeitet werden, das die zu produzierenden Mengen und die dafür vorgesehenen Zeiträume festlegt. Darauf aufbauend können der Materialbedarf und die Produktionsabläufe bestimmt werden, um die festgelegten Ziele zu erreichen.[127]

---

[123] Vgl. Moos, G., Brüggemann, F. (2006), S. 337, 342.
[124] Vgl. § 197 Abs. 1 Satz 1b SGB V.
[125] Vgl. Plate, A., Siener, F. (2006), S. 405–407.
[126] Funktionsbereiche sind Organisationseinheiten, in denen gleichartige Tätigkeiten gebündelt werden.
[127] Vgl. Hungenberg, H. (2008), S. 45–46.

Operatives und strategisches Management sind eng miteinander verknüpft und überlappen sich auch teilweise. Schnittstellen zwischen den beiden sind dort am wichtigsten, wo Inhalte der strategischen Grundrichtung in operative Maßnahmen und Ziele umgesetzt werden. Inwieweit das operative Management Gestaltungsspielräume bei der Definition dieser Ziele und Maßnahmen hat, hängt davon ab, wie konkret die Richtlinien des strategischen Managements formuliert sind. Ein reibungsloses Zusammenspiel ist in der Praxis oft nicht ganz einfach. So haben die Unternehmen Probleme, die inhaltlichen Unterschiede zwischen strategischem und operativem Management zu überbrücken oder ein Mangel an struktureller und informationstechnischer Unterstützung erschwert den Ablauf. Auch eine zu geringe Akzeptanz der Planung beeinträchtigt das Zusammenspiel.[128]

---

[128] Vgl. Hungenberg, H. (2008), S. 47–48.

3 Strategische Analyse gesetzlicher Krankenkassen

Unternehmen sind jeweils Teil einer Branche, agieren in einem rechtlichen und gesellschaftlichen Umfeld und werden in diesem von makroökonomischen Faktoren beeinflusst. Daher ist die externe Analyse (Kapitel 3.1) eine wichtige Informationsbasis für das strategische Management. Da ein Unternehmen aber auch abhängig ist von verschiedenen personellen und materiellen Ressourcen, ist die interne Analyse (Kapitel 3.2) von ebenso großer Bedeutung für eine erfolgreiche Geschäftstätigkeit. Die strategische Analyse hilft dem Unternehmen Chancen zu entdecken und zu nutzen, auf Risiken aufmerksam zu werden, die eigenen Stärken und Schwächen zu erkennen und daran zu arbeiten.[129]

Dieser Grundgedanke der strategischen Analyse kann mit Hilfe der *SWOT-Analyse* (siehe dazu auch Abbildung 8, S. 42) zusammengefasst werden. Diese stellt die internen Bedingungen, *strengths* und *weaknesses* (Stärken und Schwächen), den externen, *opportunities* und *threats* (Chancen und Risiken), gegenüber.[130]

3.1 Externe Analyse

Die externe Analyse steht vor dem grundsätzlichen Problem, dass ein Unternehmen von Faktoren aus der Umwelt geprägt wird, die es nicht beeinflussen kann. Diese können entweder Chancen für das Unternehmen im Wettbewerb bedeuten oder auch Risiken. Die Anzahl dieser Faktoren ist

---

[129] Vgl. Hungenberg, H. (2008), S. 87–89.
[130] Vgl. Hungenberg, H. (2008), S. 88.

		"Opportunities"	"Threats"
Ressourcen und Fähigkeiten	"Strengths"	• Haben wir die Stärken, um Chancen zu nutzen?	• Haben wir die Stärken, um Risiken zu bewältigen?
	"Weaknesses"	• Welche Chancen verpassen wir wegen unserer Schwächen?	• Welchen Risiken sind wir wegen unserer Schwächen ausgesetzt?

(Makro- und Branchenumwelt)

Abbildung 8: SWOT-Analyse
Quelle: Hungenberg, H. (2006), S. 88.

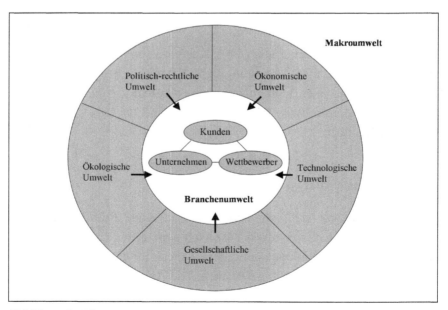

Abbildung 9: Die externe Umwelt eines Unternehmens
Quelle: Hungenberg, H. (2008), S. 90.

sehr groß und viele stehen in wechselseitigen Beziehungen zueinander.[131] Da jedoch nicht alle für die Strategieformulierung von Bedeutung sind, ist es eine der wesentlichen Aufgaben der externen Analyse, die wichtigsten herauszufiltern.[132] Um die Komplexität auf ein greifbares Maß zu reduzieren, besteht die externe Analyse aus einem vereinfachenden Modell, das zwischen Branchenumwelt und Makroumwelt unterscheidet. Die Makroumwelt (siehe dazu Kapitel 3.1.1) umfasst branchenübergreifende Faktoren wie die politsch-rechtliche, die ökonomische, die technologische, die gesellschaftliche und die ökologische Umwelt. Die Branchenumwelt (siehe dazu Kapitel 3.1.2) hingegen beinhaltet Faktoren wie Kunden und Wettbewerber der gleichen Branche, in der das Unternehmen tätig ist.[133]

3.1.1 Makroumwelt

Die Analyse der Makroumwelt bezieht sich auf allgemeine, nicht branchenspezifische Faktoren der Umwelt, die auf ein Unternehmen einwirken. Dabei spielen für die gesetzlichen Krankenkassen insbesondere die politisch-rechtliche Umwelt (Kapitel 3.1.1.1), die ökonomische Umwelt (Kapitel 3.1.1.2), die technologische Umwelt (3.1.1.3) sowie die gesellschaftliche Umwelt (3.1.1.4) eine wichtige Rolle. Im Rahmen dieser Arbeit ist die ökologische Umwelt nicht von Bedeutung und wird daher im Weiteren nicht näher untersucht.

3.1.1.1 Die politisch-rechtliche Umwelt

Die *politisch-rechtliche Umwelt* umfasst die vom Staat festgelegten Rahmenbedingungen für das wirtschaftliche Handeln des Unternehmens bzw. der Branche, in der das Unternehmen tätig ist. Dazu zählen zum einen

---
[131] Vgl. Hungenberg, H. (2008), S. 89.
[132] Vgl. Welge, M. K., Al-Laham, A. (2003), S. 187.
[133] Vgl. Hungenberg, H. (2008), S. 89–90.

rechtliche Regelungen zur Besteuerung oder Unternehmensverfassung, zum anderen auch die Rechtshandhabung, z. B. die Dauer von Genehmigungsverfahren.[134] Die Einflussfaktoren von Seiten des Staates sind für die gesetzlichen Krankenkassen von großer Bedeutung, denn als Körperschaften des öffentlichen Rechts verfügen sie nur über eingeschränkte Entscheidungskompetenzen und sind eng mit der Politik verbunden. Die Gesetzgebung verleiht den Kassen Rechte und Pflichten, grenzt den Kreis der Beteiligten ab und schafft überhaupt erst die Rechtsgrundlage der Krankenversicherung.[135]

Die GKV ist eine spezifische Organisationsform, welche die ihm vom Staat übertragene Aufgabe der Daseinsvorsorge der Bürger zu gewährleisten hat. Auch wenn dies vor dem Hintergrund des eingeführten Wettbewerbs in der GKV-Branche nicht so scheinen mag, sind die Krankenkassen mittelbare Staatsverwaltung. Letztlich ist die Krankenversicherung nur ein Instrument des Sozialstaats. Die Gewinnerzielungsabsicht ist ihnen strengstens untersagt und ihre Hauptaufgabe besteht im Vollzug der Sozialgesetzgebung. Werden Überschüsse erzielt, sind diese durch Ausschüttungen an die Mitglieder auszugeben. Gemäß Bundesverfassungsgericht haben die Sozialversicherungsträger keinen Anspruch auf Fortbestand und auch die Organisationsform des Sozialversicherungssystems könnte durchaus anders organisiert werden. Der Staat hätte die Möglichkeit, die Organisationsform anders, z. B. nach schwedischem Vorbild, zu gestalten. Schweden hat ein staatliches Gesundheitssystem, das hauptsächlich durch Steuern finanziert wird und dezentral organisiert ist.[136] Das GKV-WSG zeigt erste Schritte in die Richtung von grundlegenden Veränderungen der Organisation. Die Kassen unterliegen der Staatsaufsicht und die Gründung bzw. Vereinigung von Kassen benötigt die Genehmigung der jeweiligen Aufsichtsbehörde. Die Schließung von Kassen sowie eine mindestens alle fünf

---

[134] Vgl. Hungenberg, H. (2008), S. 93–94.
[135] Vgl. Kieselbach, K. (2001), S. 14.
[136] Vgl. AOK Bundesverband (Hrsg.) (o. J. d).

Jahre durchgeführte Prüfung der Geschäfts-, Rechnungs- und Betriebsführung wird durch die zugehörigen Aufsichtsbehörden durchgeführt.[137]

Bund und Länder haben aber auch noch weitere Möglichkeiten um auf die Rahmenbedingungen in den Krankenkassen einzuwirken. So wird bspw. die Krankenhausplanung der Bundesländer auch von der Politik bestimmt.[138] Der Gestaltungsspielraum der Selbstverwaltung ist durch enger gefasste Vorschriften des Sozialrechts sehr begrenzt. Der Leistungskatalog ist zum größten Teil festgelegt und durch die Einführung des Gesundheitsfonds haben die Kassen nur noch Einfluss auf den Zusatzbeitrag und nicht mehr auf den Beitragssatz. Auch die Vertragsbeziehungen, erläutert in Kapitel 2.1.1.2, sind weitestgehend gesetzlich geregelt.[139]

Ein Beispiel für das politische Einwirken auf die Kassen ist die Finanzierung der Impfkosten für die im Jahr 2009 verbreitete, als Pandemie eingestufte, Schweingrippe. Nach § 20 SGB V sind die Kassen verpflichtet, ihren Versicherten Schutzimpfungen zu finanzieren, die vom Robert-Koch-Institut empfohlen werden. Die Bundesregierung plant ab September 2009 Massenimpfungen gegen die Schweinegrippe vorzunehmen, nachdem eine Verordnung gebilligt wurde, die allen gesetzlich Versicherten einen Anspruch auf kostenlose Impfung gewährt. Das Bundesgesundheitsministerium geht von Kosten in Höhe von 500–550 Millionen Euro aus. Der GKV-Spitzenverband hingegen schätzt die Kosten für die Kassen auf 700 Millionen bis zu einer Milliarde Euro ein. Verwaltungskosten von bis zu 125 Millionen Euro, insbesondere durch das Ermitteln von Risikogruppen unter den Versicherten, werden auf die Kassen zukommen. Diese Risikogruppen, u. a. Schwangere oder auch Beschäftigte von Gesundheitsdiensten, sollen zuerst geimpft werden. Aufgrund der hohen Kosten, die auf die Krankenkassen zukommen, forderten diese einen höheren Bei-

---

[137] Vgl. Simon, M. (2008), S. 122–123.
[138] Vgl. Rath, T. (2001), S. 40.
[139] Vgl. Simon, M. (2008), S. 124–127.

tragssatz, bzw. kündigten Zusatzbeiträge an. Es erfolgte eine Einigung, wonach die Kassen die Impfkosten für 50% der Bevölkerung übernehmen. Dazu seien sie in der Lage, ohne einen Zusatzbeitrag erheben zu müssen. Sollte mehr Bedarf an Impfungen herrschen, tragen Bund und Länder die Kosten.[140]

3.1.1.2 Die ökonomische Umwelt

Die *ökonomische Umwelt* beschäftigt sich mit der Entwicklung der gesamtwirtschaftlichen Einflussfaktoren. Dabei kann zwischen solchen Faktoren unterschieden werden, die die gesamte Weltwirtschaft, bzw. größere Wirtschaftsräume beeinflussen und solchen, die nur spezifisch auf eine Nation zutreffen. Wichtige Elemente dieser Analyse sind u. a. die Entwicklung des Bruttosozialproduktes und der Struktur der Bevölkerung, die Einkommensentwicklung, Inflationsrate und konjunkturbedingte Schwankungen des Gesamtwachstums.[141]

Für die GKV sind, aufgrund ihres Tätigkeitsbereichs, speziell die wirtschaftlichen Entwicklungen in Deutschland von Interesse. In den letzten zwei Jahrzehnten gerieten die gesetzlichen Krankenversicherungen immer wieder in ernsthafte Finanzprobleme. Sie hatte teilweise Defizite in Milliardenhöhe zu verzeichnen, obwohl sich die Ausgaben über einen langen Zeitraum konstant zum BIP entwickelten. Dieses Problem ist nicht auf Erhöhungen der Ausgabenseite zurückzuführen, sondern auf ein herrschendes Einnahmeproblem in der GKV. Die beitragspflichtigen Einnahmen sind immer weiter zurückgegangen. Lagen sie 1996 noch bei 47,4% des BIP, fiel der Wert bis 2004 auf 43,5%. Dies ist u. a. auf politische Eingriffe zurückzuführen, die durch Verschiebungen innerhalb der gesamten Sozialversicherung zu Nachteilen für die GKV führte. So bspw. das erste Kostendämpfungsgesetz 1977, welches Defizite in der Rentenversicherung

---

[140] Vgl. Tagesschau (Hrsg.) (2009a), sowie Tagesschau (Hrsg.) (2009b).
[141] Vgl. Welge, M. K., Al-Laham, A. (2003), S. 191.

3.1 Externe Analyse

durch die Kürzung der Beiträge für die Krankenversicherung der Rentner ausglich. Belastungen für die GKV, aufgrund von politischen Verschiebungen, wurden für die Jahre 1995 bis 2003 auf ca. 30 Milliarden Euro geschätzt.[142]

Für die Einnahmeseite in der GKV sind Beschäftigung und Lohn der Mitglieder maßgeblich. Je mehr Beschäftigung und je höher die Löhne, desto mehr Geld fließt in die Kassen.[143] Daher ist für die Problematik der Einnahmeseite in der GKV das unterproportionale Wachstum der Löhne und Gehälter eine entscheidende Ursache. Dafür verantwortlich sind z. B. niedrige Tarifabschlüsse, aber auch eine anhaltende hohe Arbeitslosigkeit. So hat auch die Finanzmarktkrise, begonnen 2007, Auswirkungen auf die gesetzliche Krankenversicherung. Das Kieler Institut für Weltwirtschaft (IfW) sagte für 2009 einen Anstieg der Arbeitslosenzahlen um fast 200.000 voraus. Diese Entwicklung hätte unmittelbare Auswirkungen auf die Einnahmeseite der Kassen.[144]

Um das Problem der schrumpfenden Einnahmegrundlage zu mindern und den Kassen neue Einnahmequellen zu eröffnen hat der Gesetzgeber in den letzten Jahren mehrfach reagiert. So wurde bspw. 2003 die Pflichtversicherungsgrenze heraufgesetzt[145] und im Zuge der Gesundheitsreform 2007 (detailliert beschrieben in Kapitel 2.1.1.2) die Regelung eingeführt, dass ein Versicherter erst dann in die PKV wechseln darf, wenn sein Einkommen die Jahresarbeitsentgeltgrenze drei Jahre lang in Folge überschritten hat.[146]

Jedoch ist von der Konjunktur nicht nur die Einnahmeseite betroffen, sondern indirekt auch die Ausgabenseite. Durch Arbeitslosigkeit und speziell

---

[142] Vgl. Simon, M. (2008), S. 149–153.
[143] Vgl. Rath, T. (2001), S. 38.
[144] Vgl. Sartor, R. (2008).
[145] Vgl. Simon, M. (2008), S. 154–155.
[146] Vgl. Orlowski, U., Wasem, J. (2007), S. 162–172.

auch Langzeitarbeitslosigkeit treten bei den betroffenen Menschen vermehrt Krankheiten, insbesondere psychische Krankheiten und Suchterkrankungen auf, die für die Krankenkassen höhere Kosten bedeuten und sich damit negativ auf die Ausgabenseite auswirken. Für eine Krankenkasse ist die konjunkturelle Abhängigkeit damit umso höher, je mehr Mitglieder von Arbeitslosigkeit und Lohnschwäche betroffen sind, Rentner sind oder in konjunkturabhängigen Branchen arbeiten.[147] Zur Vermeidung von Kündigungen im Zuge der Wirtschaftskrise haben viele Unternehmen Kurzarbeit angemeldet. Für die Unternehmen besteht dadurch die Möglichkeit, ihre Kosten sofort zu senken und im Falle einer nur vorübergehenden Konjunkturkrise die Arbeitsplätze zu erhalten. Ob Kurzarbeit langfristig vor Kündigungen schützt, hängt jedoch von der Dauer der Krise ab. Die Zahl der Kurzarbeiter ist im Jahr 2008 um 26.000 auf 94.000 angestiegen.[148]

Eine weitere Herausforderung für die Krankenkassen in den kommenden Jahren stellen der demographische Wandel und die strukturelle Veränderung der Bevölkerung in Deutschland dar. Dabei hat die Verschiebung der Altersstruktur die größten Auswirkungen auf die GKV. Seit Ende des 20. Jahrhunderts bis Mitte des 21. Jahrhunderts wird sich die Zahl der unter 20-Jährigen um rund acht Millionen und die Zahl der 20- bis unter 60-Jährigen um 14–16 Millionen verringern. Die Zahl der über 60-Jährigen hingegen wird um rund 8–10 Millionen zunehmen. Diese Entwicklung hat sowohl auf die Einnahme- als auch auf die Ausgabeseite Auswirkungen. Im Gegensatz zur PKV werden in der GKV durch das Umlageverfahren keine Rücklagen gebildet um spätere, demographisch bedingte Ausgaben zu finanzieren.[149] Die Gesundheitsausgaben werden sich durch die struktu-

---

[147] Vgl. Rath, T. (2001), S. 39.
[148] Vgl. Barnhofer, G. (1995), S. 90, sowie Tagesschau (Hrsg.) (2009c).
[149] In der PKV schafft man Rücklagen mit dem Ziel, die Beitragssätze konstant zu halten. Um diese Rücklagen zu schaffen, werden in jüngeren Jahren höhere Beitragssätze gezahlt, als es den altersbedingten Kosten der Gesundheit entspricht.

relle Veränderung der Bevölkerung zum einen dadurch erhöhen, dass die Pro-Kopf-Ausgaben im Alter deutlich ansteigen. Im Vergleich zu einem 20-jährigen Versicherten steigen diese um das bis zu achtfache an. Ein weiterer Anstieg der Ausgaben ergibt sich durch die Zunahme der Todesfälle und den sprunghaft ansteigenden Kosten kurz vor dem Tod. Demographisch bedingt verringert sich die Zahl der Beitragszahlenden und führt damit zu einer Verringerung der Einnahmen. Diese Veränderungen verursachen eine Öffnung der Schere zwischen Einnahmen und Ausgaben und stellen die GKV vor große Herausforderungen.[150]

3.1.1.3 Die technologische Umwelt

Chancen und Risiken für ein Unternehmen ergeben sich auch aus seiner *technologischen Umwelt*. Vor allem revolutionäre Entwicklungen in der Informationstechnologie, wie z. B. das Internet oder auch das Intranet, haben zu massiven Veränderungen auf vielen Märkten geführt und ihre Potentiale sind bislang kaum absehbar. Wichtige Fragen bestehen vor allem darin, worin die Basistechnologien für das jeweilige Unternehmen bestehen, welche Neuerungen zu erwarten sind und ob konkurrierende Technologien im Markt sind. Es lässt sich eine kontinuierlich zunehmende Komplexität und Dynamik feststellen. Neue Gesetze und ein beschleunigter technologischer Wandel stellen für die Unternehmen eine große Herausforderung dar.[151]

Auch im Rahmen der GKV spielen technologische Entwicklungen eine wichtige Rolle. Die Möglichkeiten moderner Medizin stellen die Krankenkassen vor eine große Herausforderung. Vielfach bedeutet der medizinische Fortschritt nicht, dass eine bereits vorhandene Maschine oder ein Verfahren effizienter wird und sich somit Kosten einsparen lassen, sondern, dass bereits vorhandene Möglichkeiten erweitert werden und damit

---
[150] Vgl. Birg, H. (2004).
[151] Vgl. Welge, M. K., Al-Laham, A. (2003), S. 192–193.

weitere Kosten verursacht werden. Viele Verfahren und Therapien, die vor einigen Jahren noch als fast unmöglich galten, sind heute oft schon zur Routine geworden. So entsteht bei den Patienten ein Verlangen, wo zuvor höchstens ein theoretischer Wunsch vorhanden war.[152]

Die Möglichkeiten der Therapie wachsen aber deutlich langsamer als die der Diagnostik. So werden sich Patienten in Zukunft wahrscheinlich darauf einstellen müssen, dass zwischen dem, was an finanziellen Mitteln für medizinische Diagnostik und Therapie zur Verfügung steht, eine Diskrepanz besteht zu dem, was medizinisch machbar wäre.[153]

Doch nicht nur im medizinischen Bereich spielt der technologische Fortschritt eine wichtige Rolle. Auch in den Krankenkassen sind moderne Technologien von großer Bedeutung. Die EDV (Elektronische Datenverarbeitung) und IT (Informationstechnologie) können für die Kassen zu strategischen Vorteilen gegenüber Konkurrenten führen. Informationsaustausch innerhalb der Kasse, Auswertungen von Versichertenverhalten und -bedürfnissen treten in den Vordergrund. Wichtig für den erfolgreichen Einsatz eines solchen Systems sind die Fähigkeiten zur Beschleunigung der Kerngeschäftsprozesse, Verfügbarkeit der Daten und ein hoher Grad an Konsistenz sowie Planungssicherheit und Controllingmöglichkeit zu jeder Zeit. Die neuen Möglichkeiten der Informationstechnik in der Kundenbetreuung sind von besonderer Bedeutung. Die Fähigkeit enorme Mengen an Bestands-, Beitrags- und Leistungsdaten richtig zu managen ist ein wichtiger Faktor im Wettbewerb der gesetzlichen Krankenkassen.[154] Dabei ist natürlich nicht zu vergessen, dass die Kosten für IT sehr hoch sind. Zur Minimierung dieser Kosten können Überlegungen zu Outsourcing oder Implementierung eines Profit Centers in Frage kommen.[155]

---

[152] Vgl. Waltermann, R. (2008), S. 74–75.
[153] Vgl. Waltermann, R. (2008), S. 75.
[154] Vgl. Plate, A., Siener, F. (2006), S. 406.
[155] Vgl. Hofmann, U. (2001), S. 115–123.

3.1 Externe Analyse

Für die Geschäftsprozesse der GKV entwickelt bspw. die AOK Systems GmbH eine individuelle und SAP-basierte IT-Komplettlösung. Genutzt werden diese sowohl von den AOKen, als auch der Barmer Ersatzkasse und der Deutschen Rentenversicherung Knappschaft-Bahn-See. Gegründet wurde die AOK Systems GmbH 1999 und hat seitdem seinen Umsatz fast verdreifacht.[156]

Eines der größten IT-Modernisierungsprojekte in der GKV war die Umstellung auf TKeasy, eine mehrschichtige Java-basierte Architektur, in der Techniker Krankenkasse. Der Startschuss für das Projekt fiel bereits 1998 und bis Ende 2009 sollen alle Anwendungen auf die Java-Plattform überführt werden. Dietmar Schröder, CIO der Techniker Krankenkasse, sieht in der IT nicht eine Kostenstelle, sondern einen Innovationstreiber. Um das Wissen in der Firma zu halten, hat er für die Migration 27 interne Entwickler eingestellt. Rund 50 Millionen Euro verschlingt alleine die Migration der Legacy-Systeme.[157]

Eine weitere wichtige technologische Entwicklung für das Gesundheitswesen in Deutschland ist die elektronische Gesundheitskarte (eGK). Diese hat, wie die bisherige Krankenversichertenkarte auch, die Funktion des Versicherungsnachweises und die Berechtigung zur Inanspruchnahme vertragsärztlicher Leistungen. Allerdings verfügt sie nicht über einen einfachen Speicherchip, sondern über einen Mikroprozessorchip, welcher die Möglichkeit bietet, der Karte weitere Funktionen hinzuzufügen. Zum Pflichtteil der eGK gehören u. a. Angaben wie der Name, Anschrift, Geschlecht, ab dem 16. Lebensjahr ein Foto und auch das elektronische Rezept, das in Verbindung mit der Arzneimitteldokumentation zu erheblichen finanziellen Entlastungen für die Krankenkassen führen soll. Die Speicherung freiwilliger Daten enthält u. a. medizinische Daten, bspw. zur Notfallversorgung.[158]

---

[156] Vgl. AOK Systems (Hrsg.) (o. J.).
[157] Vgl. Herrmann, W. (2007).
[158] Vgl. Bundesministerium für Gesundheit (Hrsg.) (2009b).

Die eGK soll die Wirtschaftlichkeit, Qualität und Transparenz in der medizinischen Versorgung verbessern. So sollen zum einen Fehlerquoten, Doppelarbeiten und Medienbrüche durch das Arbeiten mit Papier verhindert werden und zudem die Qualität der Behandlung durch bessere und schnellere Versorgung mit Informationen erhöht werden. Die Arbeitsprozesse können mit Hilfe der eGK optimiert werden und die Patienten haben die Möglichkeit eigenverantwortlich über ihre Gesundheitsdaten zu verfügen. Für die Einführung der Karte und den Aufbau der Infrastruktur sind gemäß § 291a SGB V die Krankenkassen verpflichtet. Die Spitzenverbände der Selbstverwaltung haben für diesen Zweck 2005 die Betriebsorganisation Gesellschaft für Telematikanwendungen der Gesundheitskarte mbH (gematik GmbH) gegründet.[159]

3.1.1.4 Die gesellschaftliche Umwelt

Die Werte, Einstellungen und Verhaltensweisen der Individuen einer Gesellschaft werden anhand der *gesellschaftlichen Umwelt* analysiert. Das Unternehmen ist durch seine Mitarbeiter, Kunden oder auch Lieferanten den allgemeinen gesellschaftlichen Einflüssen ausgesetzt. Die Einstellungen und Ansprüche der Menschen sind vor allem durch kulturelle, ethische und religiöse Prinzipien beeinflusst. Das Unternehmen muss in der Lage sein, Veränderungen der Bevölkerung wahrzunehmen und entsprechend darauf zu reagieren.[160]

Im Jahr 1999 konnte bei der deutschen Bevölkerung noch ein hohes Maß an Zufriedenheit mit dem System der GKV und den gesetzlichen Krankenversicherungen festgestellt werden.[161] Gemäß einer Umfrage im Jahr 2009 hat sich dieses Bild jedoch geändert. Die Unsicherheit unter den Versicherten scheint groß und nur noch rund ein Drittel der Befragten ist mit

---

[159] Vgl. Bales, S., Dierks, C., Holland, J., Müller, J. (2007), S. 3–5, sowie Bundesministerium für Gesundheit (Hrsg.) (2009b).
[160] Vgl. Hungenberg, H. (2008), S. 94–95.
[161] Vgl. Zok, K. (1999), S. 69.

dem deutschen Gesundheitssystem explizit zufrieden. Mit ihrer Krankenkasse sind aber immer noch rund 70% der Befragten mindestens zufrieden.[162] Allerdings werden von einer Mehrzahl der Bevölkerung eine Abnahme von Qualität und Leistung bei gleichzeitig steigenden Beiträgen in der Zukunft erwartet. Diese Einstellung der Versicherten ist geprägt durch Vertrauensverluste in die handelnden Akteure, aber auch durch die wirtschaftlichen Probleme der GKV. Auch die politischen Eingriffe, die in immer kürzer werdenden zeitlichen Abschnitten vorgenommen werden, wirken sich negativ auf das Vertrauen der Mitglieder der GKV aus.[163]

Im Zuge des Wettbewerbs um Versicherte ist es für die gesetzlichen Krankenversicherungen entscheidend zu wissen, warum Mitglieder ihre Kasse wechseln, bzw. welche Leistungen und Faktoren sie als wichtig erachten. Die großzügige Leistungsgewährung war für die Versicherten schon vor Einführung des Gesundheitsfonds wichtiger als die Tatsache, ob die Krankenkasse günstiger war als die Konkurrenz. Auch Attribute wie eine kompetente Beratung und umfassender Service wurden als wichtiger erachtet.[164] Im Zuge von Kassenwechselentscheidungen standen jedoch zuvor Beitragsdifferenzen zwischen den Kassen im Vordergrund. Kassenwechsler waren im Durchschnitt jünger als Nicht-Wechsler und hatten häufiger nur ein Kind.[165] Durch die Einführung des Gesundheitsfonds und den einheitlichen Beitragssatz kann die Entscheidung eines Kassenwechsels einerseits durch die Erhebung eines Zusatzbeitrags beeinflusst werden, andererseits können auch Servicefaktoren und Leistungsunterschiede zwischen den Kassen eine größere Rolle spielen.

Die Souveränität der Versicherten nimmt tendenziell zu und erfordert von den Kassen auf die Bedürfnisse der Versicherten einzugehen, sie ernst zu nehmen

---

[162] Vgl. Zok, K. (2009), S. 2.
[163] Vgl. Schlander, M., Schwarz, O. (2005), S. 179.
[164] Vgl. Zok, K. (1999), S. 23.
[165] Vgl. Schwarze, J., Andersen, H. (2001), S. 581–582, 600.

und die Angebote darauf auszurichten. Auch die gestiegenen Serviceansprüche und die höhere Preissensibilität der Versicherten müssen die Kassen in ihre tägliche Arbeit einbeziehen.[166] Die Erwartungshaltung der Versicherten gegenüber den Krankenkassen hat sich erhöht. Insbesondere auch in Bezug auf die Geschwindigkeit der Bearbeitung von Anfragen und auf die Erreichbarkeit der Kasse für den Versicherten. Die Krankenkassenmitglieder erwarten ein modernes und innovatives Dienstleistungsunternehmen, was für einige Krankenkassen, aufgrund ihrer geringen Betriebsgröße, in der gewünschten Form nicht möglich ist. Dies ist ein weiterer Grund für die bereits in Kapitel 2.1.1.2 erläuterte starke Zunahme von Fusionen in der GKV.[167]

3.1.2 Branchenumwelt

Im Gegensatz zur Analyse der Makroumwelt, welche die allgemeinen Faktoren der Umwelt eines Unternehmens untersucht, stehen bei der Branchenanalyse Einflussgrößen im Mittelpunkt, die nur in dieser bestimmten Branche von Bedeutung sind. Der Wettbewerb und dessen Entwicklungsaussichten haben einen sehr starken und direkten Einfluss auf das strategische Management in einem Unternehmen, da es hier mehr Möglichkeiten gibt Faktoren selber zu beeinflussen.[168]

Die zu analysierenden Faktoren innerhalb der Branchenstruktur lassen sich sehr gut anhand des *Konzepts der fünf Wettbewerbsstärken ("Five-Forces")* von Porter (siehe Abbildung 10) verdeutlichen. Dieser teilt die fünf grundlegenden Wettbewerbskräfte ein in die *Bedrohung durch neue Anbieter* (Kap. 3.1.2.1), *Verhandlungsstärke der Abnehmer* (Kap. 3.1.2.2), *Verhandlungsstärke der Lieferanten* (Kap. 3.1.2.3), *Druck durch Substitutionsprodukte* (Kap. 3.1.2.4) und *Rivalität der Wettbewerber* (Kap. 3.1.2.5).[169]

---

[166] Vgl. Rath, T. (2001), S. 46.
[167] Vgl. Plate, A., Siener, F. (2006), S. 413–414.
[168] Vgl. Welge, M., Al-Laham, A. (2003), S. 197–203.
[169] Vgl. Porter, M. (2000), S. 28–29.

3.1 Externe Analyse

Da es sich bei gesetzlichen Krankenkassen um Körperschaften des öffentlichen Rechts mit Selbstverwaltung handelt, spielt auch der Staat eine entscheidende Rolle bei der Analyse der Branchenumwelt. Daher wird auch sein Einfluss auf die Krankenkassen im Anschluss an die fünf Wettbewerbsstärken erläutert (siehe Kap. 3.1.2.6).

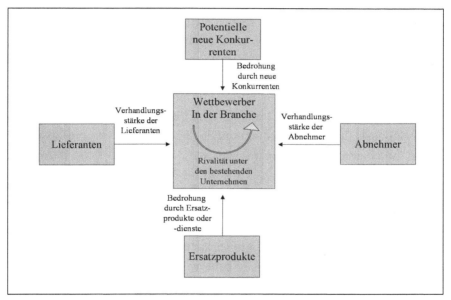

Abbildung 10: Das Konzept der fünf Wettbewerbsstärken
Quelle: Porter, M. (2000), S. 29.

3.1.2.1 Bedrohung durch neue Anbieter

Die Gefahr der Bedrohung durch neue Anbieter kann in einer Branche dazu führen, dass sich die Kapazitäten erhöhen und das Preisniveau sinkt. Dadurch sinkt auch die Attraktivität der Branche aus Sicht der bisherigen Anbieter. Eine Branche gewinnt demnach an Attraktivität, wenn die Gefahr potenzieller Konkurrenz gering ist. Hohe Markteintrittsbarrieren, bspw. wenn Skaleneffekte eine entscheidende Rolle spielen, verringern diese Gefahr. Weitere Schwierigkeiten für potenzielle Konkurrenten können sich aus staatlichen Beschränkungen, Reglementierungen, hohen Umstellungskosten für Kunden bei einem Anbieterwechsel und gebundenen oder belegten Vertriebskanälen ergeben.[170]

Die Gefahr von potenziellen neuen gesetzlichen Krankenkassen ist in Zukunft als äußerst gering anzusehen. In der GKV-Branche herrschen hohe Markteintrittsbarrieren. Diese ergeben sich im Fall von Betriebskrankenkassen und Innungskrankenkassen aus strengen gesetzlichen Regelungen.[171] Für Ersatzkassen und AOKen ist die Möglichkeit einer Gründung sogar ausgeschlossen.[172]

Wie bereits in Kapitel 2.1.1.2 erläutert, ist die Anzahl der Krankenkassen in den letzten Jahren, auch bedingt durch eine Zunahme von Fusionen aufgrund neuer gesetzlicher Regelungen, stark rückläufig (siehe dazu auch Kap. 3.1.2.5).

3.1.2.2 Verhandlungsstärke der Abnehmer

Die Verhandlungsstärke der Abnehmer kann sich für die Ergebnissituation des Unternehmens negativ auswirken, wenn Kunden bspw. niedrigere Preise durchsetzen, höhere Qualität oder besseren Service verlangen. Die Branche gilt demnach als umso attraktiver, je geringer die Marktmacht der Kunden ist. Ein hoher Differenzierungsgrad oder hohe Umstellungskosten für den Kunden im Fall eines Wechsels wirken sich positiv für das Unternehmen aus. Ein weiterer wichtiger Punkt ist der Informationsstand der Kunden über das Produkt- bzw. Leistungsangebot. Verfügen sie über viele Informationen verbessert sich ihre Machtstellung gegenüber dem Unternehmen.[173]

---

[170] Vgl. Hungenberg, H. (2008), S. 103.
[171] Vgl. § 147 SGB V und § 157 SGB V.
[172] Vgl. Heinzen (o. J.), S. 99–100.
[173] Vgl. Welge, M. K., Al-Laham, A. (2003), S. 202, sowie Hungenberg, H. (2008), S. 105.

3.1 Externe Analyse

In der GKV stellen die Versicherten bzw. potentiellen Versicherten die Abnehmer dar. Wie bereits in den vorhergehenden Kapiteln erläutert, spielen sie die entscheidende Rolle im Wettbewerb der Krankenkassen (siehe dazu auch insbesondere Kap. 3.1.1.4). Die Verhandlungsstärke der Versicherten hat sich durch die Einführung der Kassenwahlfreiheit 1996 stark erweitert. Die Kassenwahlfreiheit ist jedoch durch die 18-monatige Bindungsfrist eingeschränkt.[174] Diese ist in § 175 Abs. 4 SGB V gesetzlich geregelt und erlaubt den Versicherungsberechtigten bzw. -pflichtigen den Wechsel in eine andere Krankenkasse erst nach Ablauf dieser Frist. Im Fall einer Erhöhung des Zusatzbeitrags, bzw. einer Verringerung der Prämie muss diese Bindungsfrist jedoch nicht eingehalten werden.

Die Erhöhung der Verhandlungsstärke der Versicherten, insbesondere seit Einführung der Kassenwahlfreiheit, erforderte von den Krankenkassen organisatorische Anpassungen und Veränderungen. Darunter fiel u. a. die Professionalisierung des Managements, bspw. auch durch die Einführung von hauptamtlichen Vorständen, anstatt wie zuvor ehrenamtlichen.[175] Aber auch Änderungen in der Organisation der Vertriebe der Krankenkassen waren nötig um dem vermehrten Wettbewerb stand zu halten.[176]

Die Wahlmöglichkeiten bei Produktunterschieden und Tarifvarianten zwischen den Kassen im GKV-Markt nehmen stark zu. Durch wachsende gesundheitliche Eigenverantwortung haben die Versicherten zunehmend den Wunsch individueller Gesundheitsleistungen. Das Gesundheitsinteresse in Deutschland wächst in allen Bevölkerungsschichten und beeinflusst auch das Konsumverhalten. Der Versicherte beschränkt seine Nachfrage nicht mehr nur auf die Gesundheitsversorgung, die ihm seine Kasse zur Verfügung stellt, sondern wird auch eigenmächtig tätig. Dadurch wächst auch der Markt für Gesundheitsberatungen und Gesundheitsdienstleistungen,

---

[174] Vgl. Schreyögg, J., Busse, R. (2006), S. 26.
[175] Vgl. § 53a Abs. 3 SGB IV.
[176] Vgl. Plate, A., Siener, F. (2006), S. 405.

der auch für die Krankenkassen von großem Interesse sein kann, da es aus Kundensicht die Attraktivität der Kasse steigern kann.[177]

3.1.2.3 Verhandlungsstärke der Lieferanten

Spiegelbildlich zu den Abnehmern ist die Verhandlungsstärke der Lieferanten zu sehen. Sie haben die strategischen Möglichkeiten höhere Preise zu fordern, das Angebot zu verknappen oder die Qualität zu verringern, was sich dann auch negativ auf das Endprodukt auswirkt. Die Markmacht der Lieferanten ist insbesondere davon abhängig, wie einzigartig und differenziert die Vorprodukte sind und ob ein Wechsel zu hohen Umstellungskosten für das Unternehmen führt. Die Attraktivität der Branche ist dementsprechend geringer, je größer die Verhandlungsstärke der Lieferanten ist.[178]

Die Lieferanten im System der GKV sind die Leistungserbringer. Zur Beurteilung der Attraktivität der Branche werden die Leistungserbringer näher betrachtet, die in der GKV die höchsten Ausgaben verursachen. Abbildung 11 zeigt die Aufteilung der Ausgaben in der GKV im Jahr 2007. Im Folgenden wird das Verhältnis zwischen Krankenkassen und *Krankenhäusern*, der *Pharmaindustrie* und den *niedergelassenen Ärzten* als größte Kostentreiber analysiert.

Der *Krankenhaussektor* hatte im Jahr 2007 mit 51,1 Milliarden Euro den größten Ausgabenanteil in der GKV. Welche Krankenhausleistungen von den Krankenkassen getragen werden ist im SGB V geregelt. Die Entgelte sind im Krankenhausentgeltgesetz (KHEntgG) festgesetzt. Krankenhäuser können nur dann Leistungen auf Rechnung der gesetzlichen Krankenversicherung erbringen, wenn sie als zugelassene Krankenhäuser gelten. Diese sind Krankenhäuser, die im Krankenhausplan eines Landes aufge-

---

[177] Vgl. Kartte, J., Neumann, K., Schneider, A. (2008), S. 144–147.
[178] Vgl. Welge, M. K., Al-Laham, A. (2003), S. 203, sowie Hungenberg, H. (2008), S. 103–104.

3.1 Externe Analyse

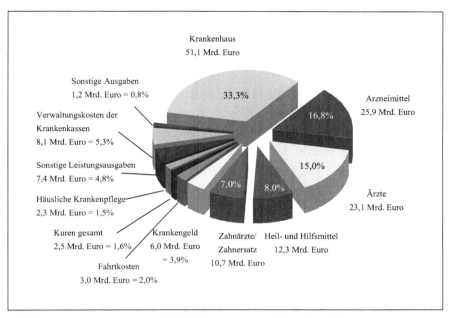

Abbildung 11: Ausgaben der GKV 2007 nach ausgewählten Bereichen
Quelle: KBV (Hrsg.) (2008).

nommen sind, Hochschulkliniken im Sinne des Hochschulbauförderungsgesetzes und solche, die einen Versorgungsvertrag mit den Verbänden der Ersatzkassen und den Landesverbänden der Krankenkassen abgeschlossen haben. Für die Krankenkassen besteht ein Kontrahierungszwang für Hochschulkliniken und Krankenhäuser im Krankenhausplan. Dadurch haben sie so gut wie keine Möglichkeit deren Anzahl zu verringern.[179]

Durch das GKV-Modernisierungsgesetz vom 01. Januar 2004 wurde der Wettbewerb um die besten Versorgungskonzepte durch vertragliche Gestaltungsoptionen erweitert. Für die Krankenhäuser erfolgte eine Teilöffnung zur ambulanten Versorgung für hoch spezialisierte Leistungen,

---
[179] Vgl. Gericke, C., Wörz, M., Busse, R. (2006), S. 56.

schwere Erkrankungen und bestimmte Indikationen. Krankenhäuser können auch im Fall von DMPs, strukturierte Behandlungsprogramme (siehe dazu Kap. 2.1), für die ambulante Behandlung geöffnet werden.[180]

Die Einführung des DRG-Vergütungssystems[181] im Jahr 2003 bewegte die Krankhäuser zur Optimierung ihrer Prozesse und führte zu einer größeren Transparenz und Vergleichbarkeit des Leistungsgeschehens. Durch das neue System wurde der Wettbewerb zwischen den Krankenhäusern erhöht. Einen Preiswettbewerb durch einzelvertragliche Regelungen lehnt die Deutsche Krankenhausgesellschaft (DKG) jedoch ab. Einzelne Krankenkassen fordern aber bereits die selektive Kontrahierung und eine dadurch entstehende Stärkung des Wettbewerbs. Im Bereich der integrierten Versorgung werden schon Verträge mit einzelnen Kassen abgeschlossen.[182]

Arzneimittel verursachen die zweitgrößten Gesundheitsausgaben im System der GKV. Die Arzneimittelversorgung in Deutschland unterliegt einer staatlichen Regulierung und staatlicher Überwachung. Die Apotheken haben ein Monopol auf die Arzneimittelabgabe, da nur sie zur Abgabe eines Großteils der Arzneimittel befugt sind. Die Preisbildung ist zum Schutz der Verbraucher durch den Staat reguliert. Für GKV Versicherte besteht ein Leistungsanspruch auf medizinisch notwendige Arzneimittel, allerdings seit dem GKV-Modernisierungsgesetz für Versicherte, die älter als 12 Jahre sind, nur noch auf verschreibungspflichtige Arzneimittel. Nur in Ausnahmefällen können nicht verschreibungspflichtige Arzneimittel zu Lasten der Kasse abgerechnet werden.[183]

---

[180] Vgl. Beske, F., Ratschko, K.-W. (2006), S. 51, sowie Winkler, A. (2005), S. 23.
[181] Das DRG-System ist ein leistungsorientiertes Fallpauschalensystem, welches die Patienten nach ihrer Diagnose und Behandlung in Fallgruppen klassifiziert. Die Vergütung richtet sich jeweils nach der Fallgruppe und erfolgt nicht wie zuvor nach der Selbstkostendeckung.
[182] Vgl. Barth, T., Hölscher, A., Kreilein, B. (2008), S. 218–223.
[183] Vgl. Simon, M. (2008), S. 229.

3.1 Externe Analyse

Seit dem 01. April 2007 sind die Apotheken verpflichtet die Rabattverträge der jeweiligen Kasse zu beachten. Für den Fall, dass der Arzt die Wahl des Mittels dem Apotheker überlässt, gibt dieser ein Mittel aus, für das mit dem Hersteller eine Rabattregelung vereinbart ist. Durch diese Rabattvereinbarungen sparen einerseits die Kassen, da sie geringere Preise an die Hersteller zahlen müssen. Andererseits können auch die Versicherten durch geringere Zuzahlungen bei Arzneimitteln durch die Rabattverträge Einsparungen erzielen. So gibt die Barmer Ersatzkasse an, alleine im April 2007, nach Einführung der Rabattverträge, ca. zwei Millionen Euro eingespart zu haben. Für die Versicherten hätten sich Einsparungen von 1,5 Millionen Euro ergeben.[184]

Ein weiteres Beispiel ist die AOK. Ihre Rabattverträge traten zum 01. Juni 2009 in Kraft. Vorausgegangen waren landesweite Ausschreibungen für die 63 meistverordneten patentfreien Wirkstoffe.[185] Durch die Verträge mit Anbietern generikafähiger Wirkstoffe tritt in den patentfreien Arzneimittelmarkt ein Preiswettbewerb, der sich auf die Ausgaben der Kassen positiv auswirken kann.

Den drittgrößten Teil der Gesundheitsausgaben im GKV-System machen mit 15% die *niedergelassenen Ärzte* aus. Voraussetzung für die Ausübung des ärztlichen Berufs ist die Approbation als Arzt, die dem Landesrecht unterliegt. Um als Vertragsarzt für die gesetzlichen Krankenkassen tätig zu werden, muss ein Arzt über ein Zulassungsverfahren Mitglied einer Kassenärztlichen Vereinigung werden.[186]

Trotz des Zulassungsverfahrens steigt die Zahl der Vertragsärzte in Deutschland. Lag sie im Jahr 1998 noch bei 112.683 war sie bis 2007 auf 118.858 Ärzte angestiegen. Das ist eine Steigerung um 1,05%.[187] Die Kas-

---

[184] Vgl. Barmer (Hrsg.) (2007).
[185] Vgl. AOK (Hrsg.) (o. J. b).
[186] Vgl. Gibis, B. (2006), S. 81.
[187] Vgl. KBV (Hrsg.) (2008).

senärztlichen Vereinigungen haben nach § 99 SGB V die Aufgabe einen Bedarfsplan zu erstellen und diesen den jeweiligen Entwicklungen anzupassen. Im Fall von Überversorgung kommt es zu Zulassungsbeschränkungen nach § 103 SGB V.

Bevor das GKV-WSG in Kraft trat erfolgte die Bezahlung der Vertragsärzte über ein Honorarsystem. Die Kassen haben einen bestimmten Betrag an die 17 KVen gezahlt, den diese dann auf der Grundlage von Honorarverteilungsverträgen an die Ärzte und Einrichtungen weitergeleitet haben. Die Belastungen für die Kassen erfolgten nach kassenbezogenen Kopfpauschalen, die historisch bedingt waren. Das System wurde jedoch zunehmend als intransparent, ungerecht und ineffizient beurteilt. Besonders kritisiert wurde auch, dass der Wert der erbrachten Leistungen erst nachträglich erkennbar war und auch notwendige medizinische Eingriffe nicht immer angemessen vergütet wurden. Das GKV-WSG greift diese Kritikpunkte auf. Zum 01.01.2008 wurde der einheitliche Bewertungsmaßstab reformiert und auf dieser Grundlage das Honorarsystem auf ein Euro-Preissystem mit regionalen Zu- und Abschlägen umgestellt. Die ärztlichen Leistungen werden stärker pauschaliert, um die Risiken für die Ausgaben der Krankenkassen in einem vertretbaren Rahmen zu halten.[188]

Die Ärztekammern und die KVen sind mit hoheitlichen Rechten ausgestattet und ihre Aufgabe besteht u.a. darin die Qualität der ärztlichen Leistungserstellung sicherzustellen. Dieser Qualitätsaspekt dient für die Verbände als Legitimation. Die Verbände bilden für die Mitglieder eine Gegenmacht zu den Krankenkassen, die durch die Hohe Anzahl an Versicherten eine große Verhandlungsmacht hätten.[189] Durch die neuen Vertragsmöglichkeiten können nun auch Verträge einzelner Leistungserbringer ohne die KVen abgeschlossen werden und damit deren Vergütungssystem zu umgehen. Ein Beispiel dafür ist die AOK, die im Juli 2008 einen umfassenden

---

[188] Vgl. Orlowski, U., Wasem, J. (2007), S. 50–65.
[189] Vgl. Musil, A. (2003), S. 163–164.

Hausarztvertrag ohne Beteiligung der Kassenärztlichen Vereinigung abschloss. Bis heute haben bereits 3.000 Ärzte und 600.000 Versicherte der AOK ihre Teilnahme erklärt.[190] Durch solche individuellen Verträge sind die Kassen von Honorarreformen weitestgehend unabhängig, was auch die Planbarkeit ihrer Ausgaben positiv beeinflusst und ihre Verhandlungsmacht gegenüber den Ärzten verstärkt.

3.1.2.4 Druck durch Substitutionsprodukte

Ein Ersatzprodukt (Substitut) erfüllt zwar die gleichen Aufgaben wie die originären Produkte der untersuchten Branche, wird aber vom Kunden anders wahrgenommen und steht damit nicht in einer engen Substitutionsbeziehung zu den originären Produkten. Der Druck durch Substitutionsprodukte ist daher besonders hoch, wenn Kunden die Möglichkeit haben im Zweifelsfall auf das Ersatzprodukt auszuweichen. Dabei spielen auch wieder Umstellungskosten eine wichtige Rolle. Je geringer die Gefahr von Substituten, desto attraktiver ist die Branche.[191]

Als Ersatzprodukt für die gesetzlichen Krankenkassen kann man die Privaten Krankenversicherungen sehen. Allerdings handelt es sich dabei um ein Substitut, dass im Sinne der Vollversicherung nur für einen geringen Teil der Bevölkerung überhaupt wählbar ist.[192]

Im Gegensatz zur GKV handelt es sich bei der PKV nicht um eine Pflichtversicherung. Das Versicherungsverhältnis entsteht nicht kraft Gesetzes, sondern durch einen freiwilligen Vertrag. Im Gegensatz zum Solidaritätsprinzip in der GKV herrscht in der PKV das Äquivalenzprinzip, dass heißt die Prämien sind risikoäquivalent gestaltet. Dies gilt sowohl für den Hauptversicherten, als auch für die Angehörigen. Auch in der Finanzierung gibt

---
[190] Vgl. AOK Baden Württemberg (2009).
[191] Vgl. Welge, M. K., Al-Laham, A. (2003), S. 203, sowie Hungenberg, H. (2008), S. 105–106.
[192] Vgl. Specke, H. K. (2005), S. 441.

es Unterschiede. So läuft diese in der PKV über das Kapitaldeckungsverfahren und nicht wie in der GKV über das Umlageverfahren (siehe hierzu auch Kapitel 2.2). Zudem werden Abrechnungen in der PKV mit Hilfe des Kostenerstattungsprinzips und nicht des Sachleistungsprinzips vorgenommen. Bei Privaten Krankenversicherungen handelt es sich entweder um Aktiengesellschaften oder Versicherungsvereine auf Gegenseitigkeit und nicht wie bei gesetzlichen Krankenkassen um Körperschaften des öffentlichen Rechts.[193]

87% der deutschen Bevölkerung sind pflichtversichert in der GKV und haben nicht die Möglichkeit einen Vollversicherungsschutz der PKV zu wählen. Erst wenn das Arbeitsentgelt eines Arbeitnehmers drei Jahre lang in Folge die Arbeitsentgeltgrenze überschreitet darf er in die PKV wechseln (siehe hierzu Kapitel 2.2). Der Wettbewerb zwischen GKV und PKV beschränkt sich demnach auf diesen relativ geringen Anteil der Einwohner. Die GKV ist allerdings im Wettbewerb um diese Versicherten im Nachteil. Durch das Äquivalenzprinzip in der Privaten Krankenversicherung haben günstige Risiken (u. a. Alleinstehende und Jüngere) einen größeren Vorteil durch attraktive Prämien, als sie in der GKV, aufgrund des Solidaritätsprinzips hätten. Für schlechte Risiken hingegen lohnt es sich eher bei einer gesetzlichen Krankenkasse versichert zu sein.[194]

Die PKV ist allerdings für die GKV nicht nur ein Substitut. Im Zuge von Zusatzversicherungen bestehen zwischen ihnen kein Wettbewerb, sondern Kooperationen, da die GKV gesetzlich in diesem Bereich keine Leistungen anbieten darf.[195] So sind z. B. die DAK und die Hanse Merkur seit 2004 Kooperationspartner. Sie bieten für die Versicherten u. a. spezielle Tarife für die Zahnvorsorge, Sehhilfen, Auslandreisen-Krankenschutz, etc, an.[196]

---

[193] Vgl. Specke, H. K. (2005), S. 434.
[194] Vgl. Specke, H. K. (2005), S. 441.
[195] Vgl. Specke, H. K. (2005), S. 442.
[196] Vgl. Hanse Merkur (Hrsg.) (o. J.).

Da es sich dabei um Gruppenversicherungsverträge und nicht um Einzelverträge handelt, sind die Prämien günstiger und die Leistungen oft erheblich umfangreicher.

3.1.2.5 Rivalität der Wettbewerber

Die Intensität des Wettbewerbs in einer Branche kommt in der Rivalität der Wettbewerber zum Ausdruck. Dabei können unterschiedliche Taktiken angewendet werden. So kann ein Preiswettbewerb unter den Konkurrenten entstehen, aber auch ein Leistungswettbewerb, bei dem Anbieter durch bessere Qualität und/oder besseren Service den Kunden für sich gewinnen wollen. Ein intensiver Wettbewerb ist durch viele zusammenwirkende Faktoren gekennzeichnet. So spielt das Wachstum eine wichtige Rolle, da es bei einem langsamen Wachstum in einer Branche zu einem Nullsummenspiel zwischen den Konkurrenten kommen kann. Außerdem ist die Anzahl und Heterogenität der Wettbewerber wichtig. Je mehr Konkurrenten, desto höher die Intensität des Wettbewerbs und je größer die Heterogenität desto schwieriger ist die Möglichkeit kollektiven Verhaltens, bspw. in Form von Preisabsprachen. Hohe Austrittsbarrieren, seien sie ökonomischer, strategischer oder emotionaler Art, beeinflussen ebenfalls die Intensität des Wettbewerbs.[197]

Der Wettbewerb in der GKV-Branche ist ein Wettbewerb um Versicherte. Der Kreis der Versicherten in der GKV ist gesetzlich geregelt. Etwa 90% der deutschen Bevölkerung sind in einer gesetzlichen Krankenkasse versichert.[198] Die Einwohnerzahl in Deutschland ist in den letzten Jahren rückläufig. Die Sterberate ist höher als die Geburtenrate.[199] Das bedeutet für die Branche kein Wachstum, sondern sogar einen Rückgang. Die An-

---

[197] Vgl. Welge, M. K., Al-Laham, A. (2003), S. 203–2004, sowie Hungenberg, H. (2008), S. 106–107.
[198] Vgl. Simon, M. (2008), S. 65.
[199] Vgl. Statistisches Bundesamt (Hrsg.) (o. J.).

zahl derer, die potenzielle Versicherte für die GKV sind, geht zurück. Dadurch herrscht im GKV-System ein Nullsummenspiel. Ein gewonnener Versicherter in der einen Kasse, bedeutet für eine andere Kasse einen verlorenen Versicherten.

Die Anzahl der Krankenkassen hat sich in den letzten Jahren insbesondere durch Fusionen deutlich verringert (siehe dazu auch Abbildung 3 in Kap. 2.1.1.2). Waren es im Jahr 1994 noch 1.152, so ist die Zahl bis August 2009 auf 186 gesunken.[200] Ein wichtiger Grund für die Fusionen ist die Einführung des Gesundheitsfonds. Der einheitliche Beitragssatz und die Morbiditätsorientierung des RSA zwingen insbesondere kleinere Krankenkassen, im Zuge steigender Krankheitskosten, Zusatzbeiträge zu errichten, da sie nicht die Möglichkeit haben die steigenden Kosten auszugleichen. Die höheren Kosten ergeben sich dabei bspw. aus den Krankengeldzahlungen. Kleine Betriebskrankenkassen, deren Mitglieder überdurchschnittlich hohe Verdienste haben, bekommen durch den Morbi RSA keine Ausgleichszahlungen für die Krankengeldansprüche der Versicherten. Bereits sieben Krankenkassen haben Klage gegen den Morbi RSA eingereicht, darunter ist u. a. die BKK Essanelle.[201]

Zudem hat die Größe der Kasse auch Auswirkungen auf seine Verhandlungsmacht. Ein größerer Marktanteil bedeutet für die Krankenkasse auch größere Einkaufsmacht und Vorteile bei Rabattverhandlungen mit Pharmaunternehmen oder Vertragsverhandlungen mit Ärzten. Beispiele für Fusionen sind u. a. die Techniker Krankenkasse, die sich Anfang 2009 mit der IKK Direkt zusammengeschlossen hat. Zum Jahresanfang 2010 sind bereits mindestens drei weitere Fusionen, u. a. die DAK mit der Hamburg Münchner Krankenkasse, geplant.[202]

---

[200] Vgl. BMG (Hrsg.) (2008).
[201] Vgl. BKK Essanelle (Hrsg.) (2009).
[202] Vgl. WDR (Hrsg.) (2009).

So herrscht zwischen den Kassen einerseits ein starker Wettbewerb um die Versicherten und damit um das Überleben der Krankenkasse. Andererseits aber auch ein Druck mit anderen Kassen zu fusionieren um die Leistungsfähigkeit und die Verhandlungsmacht der Kasse zu stärken und sie dadurch für Versicherte attraktiver zu machen.

3.1.2.6 Der staatliche Einfluss auf die Branche

Der Staat ist im Gesundheitssystem die oberste und letzte Entscheidungsinstanz. In der Regel wird die Ausgestaltung des Versorgungssystems den Verhandlungen zwischen Leistungserbringern und Kostenträgern überlassen. Der Staat greift dann ein, wenn diese nicht zu einer Einigung kommen oder die Einigung nicht den gesetzlichen Vorgaben entspricht.[203]

Im Vergleich zu anderen Ländern ist die staatliche Regulierung im Gesundheitssystem sehr hoch. Nicht nur die Leistungen der gesetzlichen Krankenkassen, sondern auch die wichtigsten Vergütungssysteme sind sehr detailliert geregelt. Wie bereits in Kapitel 3.1.2.3 erläutert, fallen auch die vertragsärztliche Bedarfsplanung und die staatliche Krankenhausplanung der Länder unter gesetzliche Vorgaben.[204] Das Sozialstaatsgebot des Grundgesetzes kann in engem Zusammenhang zu dem hohen Maß an staatlicher Regulierung gesehen werden. Der Staat hat aber nicht die Pflicht alle Leistungen der von ihm zu gewährleistenden Daseinsvorsorge selber zu leisten. Vielmehr besteht seine Aufgabe darin, durch die Ausgestaltung des Rechts die notwendigen Bedingungen für die Versorgung der Bürger im Krankheitsfall und die ausreichende soziale Sicherung zu schaffen.[205]

Um auf eine Verbesserung des allgemeinen Gesundheitszustandes der Bevölkerung hinzuwirken sind die Zuständigkeiten der Gesundheitspolitik

---

[203] Vgl. Simon, M. (2008), S. 89.
[204] Vgl. Simon, M. (2008), S. 89.
[205] Vgl. Simon, M. (2008), S. 89.

auf allen politischen Ebenen angesiedelt, beim Bund, bei den Ländern und den Kommunen. Die sachlich begründeten Entscheidungen über politische Veränderungen im Gesundheitssystem sind nicht frei von ideologischen Komponenten. Wie Reformansätze in letzter Zeit gezeigt haben, fallen die von den jeweiligen politischen Gruppierungen angebotenen Konzepte sehr unterschiedlich aus. Insbesondere die Auffassungen über die Organisation der Krankenversicherung, die Finanzierung der Gesundheitsleistungen und den Wettbewerb im Gesundheitswesen stehen dabei im Mittelpunkt.[206]

Doch ist die Politik in ihrer Handlungsfreiheit auch eingeschränkt, u. a. durch den weit reichenden Einfluss der Lobbyverbände auf die Öffentlichkeit. Die Stärke der Lobbyverbände und ihrer Gefolgschaft ist gleichzeitig auch ihre Schwäche. Während sie unermüdlich auf Veränderungen im System drängen, neutralisieren sich ihre Kräfte durch ihre konträren Interessen beträchtlich. Die Politik wird immer wieder in die Rolle eines Moderators gedrängt. Steht die Politik den Interessen der Ärzte entgegen, drohen diese, als Beispiel, mit der Mobilisierung der Patienten. Es spielt keine Rolle, ob die Patienten die Ansichten der Mediziner teilen, die Wirkung ist da sobald sie Behandlungsdefizite erfahren. Erfahrungsgemäß lasten die Patienten dies der Regierung an.[207]

Der Einfluss des Staates ist stark an den, in den letzten Jahren sehr häufigen, Reformen zu sehen (siehe hierzu die Kap. 2.1.1). Dadurch besteht die Möglichkeit, dass die Krankenkassen durch gesetzliche Änderungen vor völlig neue Voraussetzungen gestellt werden. Wie bereits genannt, ist eine herausragende Änderung der Gesundheitsfonds und ein damit einhergehender einheitlicher Beitragssatz für alle gesetzlich Versicherten. Seine Einführung 2009 bedeutet für die Kassen eine neue Basis des Wettbewerbs, der sich zuvor hauptsächlich auf Beitragssatzunterschiede belief.[208]

---

[206] Vgl. Specke, H. K. (2005), S. 186.
[207] Vgl. Kieselbach, K. (2001), S. 3–4.
[208] Vgl. Daubenbüchel, R. (2001), S. 80.

3.2 Interne Analyse

Das Ziel der internen Analyse ist es, ein möglichst objektives Bild des Unternehmens zum gegenwärtigen und zukünftigen Stand seiner Stärken und Schwächen zu machen. Die interne Analyse kann in qualitative und quantitative Maßnahmen unterschieden werden. Bezüglich der quantitativen Daten stellt das betriebliche Rechnungswesen dem Unternehmen eine sehr gute Datenbasis dar und bildet durch seinen genauen Informationsgehalt das Basisgerüst für interne Analysen. Jedoch haben die Kennzahlen aus dem Rechnungswesen die Problematik, dass diese die Vergangenheit darstellen und für das strategische Management damit nur eine bedingte Aussagekraft haben. Für die strategische Unternehmungsanalyse bietet es sich daher an in stärkerem Maße auf die qualitativen Daten zurückzugreifen.[209]

Die strategische Unternehmungsanalyse wird im Folgenden in einen dreistufigen Prozess eingeteilt. Zunächst erfolgt die Ermittlung von Stärken und Schwächen (siehe Kap. 3.2.1), welche anhand von drei Ansätzen durchgeführt werden kann, dem klassischen, dem wertorientierten und dem Ressourcen- und Kompetenzorientierten. Darauf folgen der Vergleich und die Bewertung der Stärken und Schwächen (Kap. 3.2.2), die sich in den Wettbewerbsvergleich, Benchmarking und den kundenorientierten Vergleich einteilen lassen.[210]

3.2.1 Stärken- und Schwächen-Ermittlung

Die Ermittlung der Stärken und Schwächen einer Unternehmung kann anhand von drei Ansätzen erfolgen. In klassischen Ansätzen (Kap. 3.2.1.1) wird die Ist-Situation mit der historischen Entwicklung des Unternehmens verglichen. Der wertorientierte Ansatz macht die Stärken und Schwächen einer Unternehmung anhand der Konfiguration ihrer Wertkette fest (Kap.

---
[209] Vgl. Welge, M. K., Al-Laham, A. (2003), S. 235.
[210] Vgl. Welge, M. K., Al-Laham, A. (2003), S. 236.

3.2.1.2). Bestimmte Ressourcen, Fähigkeiten oder Kernkompetenzen bestimmen die Stärken und Schwächen innerhalb des Ressourcen- und kompetenzorientierten Ansatzes (Kap. 3.2.1.3).[211]

3.2.1.1 Die klassischen Ansätze

Die einfachste Form der klassischen Ansätze stellt einen Zeitvergleich dar. Einen Vergleich der historischen Entwicklung und dem Ist-Zustand. Als Stärke würde in diesem Ansatz bspw. eine Verstärkung des Außendienstes gewertet werden oder auch das kontinuierliche Wachstum der F&E-Abteilung. Bei dieser Methode besteht allerdings die Gefahr, dass es zum einen eine reine interne Betrachtungsweise ist und die externen Bedingungen völlig außer Acht lässt. Zum anderen besteht die Gefahr, dass man Schlechtes mit noch Schlechterem vergleicht und darum ein gutes Ergebnis erhält.[212]

Ein weiterer klassischer Ansatz stellt die betrieblichen Funktionsbereiche in den Mittelpunkt. Anhand von qualitativen und quantitativen Informationen sollen Stärken und Schwächen in den Bereichen Forschung und Entwicklung, Produktion und Marketing erfasst werden. Dafür stehen finanzielle, personelle und sachliche Ressourcen zur Verfügung. Dabei kann in unterschiedliche Funktionsbereiche unterschieden werden. Anhand der Höhe der zur Verfügung stehenden Ressourcen wird das Ausmaß der Stärken und Schwächen bewertet.[213]

Diese beiden Methoden sind auch für die Krankenkassen sehr gut anwendbar. So kann zum einen ein Vergleich von der Größe des Vertriebs im Laufe der Zeit angestellt werden oder auch im Bereich des Innendienstes aufgrund von erhöhtem Versichertenzuwachs. Insbesondere im Zuge von Fusionen

---

[211] Vgl. Welge, M. K., Al-Laham, A. (2003), S. 235–279.
[212] Vgl. Welge, M. K., Al-Laham, A. (2003), S. 236.
[213] Vgl. Welge, M. K., Al-Laham, A. (2003), S. 237.

sind solche Gegenüberstellungen von historischen und Ist-Zuständen sehr interessant, da direkt verglichen werden kann, welche Erweiterungen sich positiv und welche sich negativ für die Kasse ausgewirkt haben.

Da es sich bei Krankenkassen um Körperschaften des öffentlichen Rechts handelt, ist es bei dieser Analyse sehr wichtig, dass auch die gesetzlichen Neuerungen und Reformen miteinbezogen werden, da diese möglicherweise ausschlaggebend für bestimmte Änderungen und Anpassungen waren.

3.2.1.2 Die wertorientierten Ansätze

Die Betrachtung von Stärken und Schwächen erfolgt bei den wertorientierten Ansätzen anhand der Wertkette. Ursprünglich wurde diese von der Beratungsgesellschaft McKinsey in die Diskussion gebracht und später insbesondere durch die Weiterentwicklung von Porter. Die Grundidee beruht darauf, dass eine Vielzahl an Aktivitäten die Leistungen eines Unternehmens zusammensetzen. Diese lassen sich chronologisch in einer Art Flussdiagramm darstellen. Jedes Unternehmen verfügt dabei über sein eigenes Geschäftssystem, das sich mehr oder weniger von denen anderer Unternehmen unterscheidet. Innerhalb einer Branche kann bei den verschiedenen Unternehmen meist eine gemeinsame Grundstruktur festgestellt werden. Am Beispiel eines Supermarktes könnte man die Wertkette untergliedern in Einkauf, Logistik, Lager, Distribution und Verkauf.[214]

Die Wertkette einer gesetzlichen Krankenkasse könnte, als eine Variation, mit dem Marketing beginnen. Darauf aufbauend die direkte Ansprache der Kunden, der Vertrieb. Für die Versicherten folgt danach die Leistungserbringung im Fall von Krankheit, Beschwerden, etc. und auch der Service durch die Kasse (siehe dazu Abbildung 12).

---
[214] Vgl. Welge, M. K., Al-Laham, A. (2003), S. 239–242, sowie Hungenberg, H. (2008), S. 152.

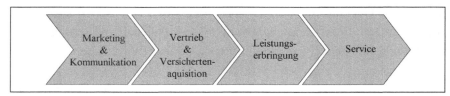

Abbildung 12: Beispiel einer Wertkette einer gesetzlichen Krankenkasse
Quelle: Eigene Darstellung.[215]

3.2.1.3 Die ressourcen- und kompetenzorientierten Ansätze

Ressourcen und Fähigkeiten stellen die Kompetenzbasis eines Unternehmens dar. Für den Erfolg eines Unternehmens ist es entscheidend, dass es die in der externen Analyse betrachteten Chancen und Risiken nicht nur erkennt, sondern auch nutzen oder abwenden kann. Ob das Unternehmen dazu in der Lage ist wird durch seine Stärken und Schwächen bestimmt.[216]

Ressourcen bezeichnen immaterielle und materielle Güter, Einsatzfaktoren sowie Vermögensgegenstände. Immaterielle Güter stellen insbesondere das Wissen der Mitarbeiter dar, aber auch der Markenname oder Patente. Materielle Ressourcen hingegen bezeichnen Anlagen und Maschinen, Standorte, Rohstoffe, etc. Die Fähigkeiten zeigen dann, inwieweit ein Unternehmen in der Lage ist seine Ressourcen zielorientiert und koordiniert zu nutzen.[217]

Eine sehr wichtige Ressource für die Dienstleistungsqualität in einer gesetzlichen Krankenkasse sind die Mitarbeiter. Die Qualität entsteht für den Kunden während der Interaktion mit Kontaktpersonen der Kassen. Das Leistungsversprechen einer Krankenkasse kann noch so gut sein, wenn der

---

[215] Trotz intensiver Recherche konnte keine Wertkette einer gesetzlichen Krankenkasse als Anhaltspunkt gefunden werden.
[216] Vgl. Hungenberg, H. (2008), S. 146.
[217] Vgl. Hungenberg, H. (2008), S. 147.

Mitarbeiter nicht motiviert ist oder sich nicht mit dem Dienstleistungskonzept der Kasse identifizieren kann, wird der Versicherte die Qualität als niedrig einstufen.[218] Daher ist einer der wichtigsten immateriellen Güter für die Krankenkasse das Wissen und die Fähigkeiten des Personals, sowie ihre Zufriedenheit, damit sie diese auch in ihrem täglichen Handeln umsetzen.

In Zusammenhang mit Kunden- und Personalzufriedenheit ist auch die interne Kommunikation zu nennen. Diese ist einerseits wichtig, um die Qualität der Dienstleistung für die Kunden zu gewährleisten, damit bspw. keine Unstimmigkeiten über gegebene Leistungsversprechen herrschen oder auch Kunden von mehreren Mitarbeiten mit gleichen Anliegen kontaktiert werden. Andererseits kann eine gute interne Kommunikation auch für die Zufriedenheit der Mitarbeiter von Bedeutung sein.[219]

Wie wichtig das fachliche und organisatorische Wissen für die Kasse ist wusste auch Dietmar Schröder, CIO der Techniker Krankenkasse, als er das Wissens- und Informationsportal „TK Know-how" ins Leben rief. In diesem Portal sind alle, vorher weit verstreuten, Informationen und das Wissen der Krankenkasse zusammengefasst, neu strukturiert und so gestaltet, dass der Nutzer sich intuitiv zurechtfinden soll. Der Return on Investment bei diesem Projekt liegt laut Schröder bei 54%.[220]

Im Bereich der materiellen Ressourcen sind im Wettbewerb der Krankenkassen insbesondere die Geschäftsstellen zu nennen. Unterschiede gibt es dabei einerseits in der Dichte des Geschäftsstellennetzes und der Wahl der Standorte, andererseits aber auch darin, ob eine Kasse überhaupt Geschäftsstellen hat. Es gibt Kassen mit einem sehr großen Geschäftsstellennetz, andere mit nur wenigen Geschäftsstellen, aber auch Direktkassen,

---

[218] Vgl. Fröck, M. (2004), S. 169.
[219] Vgl. Bruhn, M. (1997), S. 894–901.
[220] Vgl. Herrmann, W. (2007).

welche komplett auf solche verzichten. Diese sind für die Versicherten per Internet oder Telefon erreichbar.[221] Über ein deutschlandweites flächendeckendes Geschäftsstellennetz verfügen lediglich die bundesweit agierenden Ersatzkassen sowie die allgemeinen Ortskrankenkassen. Für Kassen, die sich auf ein Bundesland oder einen Betrieb beschränken, ist eine bundesweite Abdeckung nicht sinnvoll.[222]

Jedoch ist nicht nur die Anzahl an Geschäftsstellen von Bedeutung, auch ihre Standorte spielen eine wichtige Rolle. So sind zum einen strukturbezogene Faktoren, wie die Größe des Einzugsgebiets und damit die Zahl der zu betreuenden Versicherten, aber auch die Lage, zentral oder dezentral, zu berücksichtigen. Auch umfeldbezogene Faktoren, wie z. B. die Nähe zur Konkurrenz, die Angebundenheit an öffentliche Verkehrsmittel, die Erreichbarkeit, etc., sind dabei von Bedeutung. Die räumlichkeitsbezogenen Faktoren, wie die Raumkosten oder auch die Qualität und Kapazität der Räume sind bei der Standortwahl von Geschäftsstellen ebenfalls relevant.[223]

3.2.2 Bewertung und Vergleich der Stärken und Schwächen

Die bisher erläuterten Konzepte führten zu einer Bestandsaufnahme der betrieblichen Potentiale. Ob die Potentiale allerdings als Stärken oder Schwächen anzusehen sind entscheidet erst ihre Bewertung. Dabei sind sie mit umweltbezogenen Anforderungen zu vergleichen. Man unterscheidet in den *Wettbewerbsvergleich*, den *branchenübergreifenden Vergleich* und den *kundenorientierten Vergleich*.

Beim *Wettbewerbsvergleich* werden die internen Potentiale mit denen der Hauptkonkurrenten verglichen. Dabei sind die Stärken und Schwächen relative Größen. So kann ein als Stärke angesehenes hohes Marketing-

---

[221] Vgl. Haenecke, H. (2001), S. 136.
[222] Vgl. Simon, M. 2008), S. 126.
[223] Vgl. Fröck, M. (2004).

Budget im Vergleich zu einem noch höheren der Konkurrenz zu einer relativen Schwäche werden. Welche Unternehmen mit dem eigenen in unmittelbarer Konkurrenz stehen kann anhand eines Vergleichs der Wertketten erfolgen. Durch diesen Vergleich kann auch ermittelt werden, durch welche Schwerpunkte bei den Wertaktivitäten die Konkurrenz im Wettbewerb Vorteile zieht.[224]

Die Krankenkassen können sich beim Wettbewerbsvergleich entweder mit gleichen Kassenarten vergleichen, bspw. eine Ersatzkasse mit einer anderen Ersatzkasse, sodass die historisch gewachsenen Unterschiede nicht zum tragen kommen. Andererseits kann es auch von Vorteil sein sich mit einer Kasse zu vergleichen, die eine andere Strategie verfolgt und im Wettbewerb anders aufgestellt ist. Selbst wenn nicht die Möglichkeit besteht, das Konzept im Ganzen für die eigene Kasse anzuwenden, so können zumindest Teile davon übernommen werden und zur Optimierung beitragen.

Neben direkten Konkurrenten können auch führende Unternehmungen aus anderen Branchen herangezogen werden um einen *branchenübergreifenden Vergleich* durchzuführen. Das so genannte Benchmarking vergleicht das eigene Unternehmen mit einem oder mehreren Referenzunternehmen und hilft dabei eigene Schwächen zu erkennen und die Stärken der anderen Unternehmen zu adaptieren.[225]

Bei einem Vergleich mit einem Unternehmen einer anderen Branche bieten sich im Fall der gesetzlichen Krankenkassen bspw. Private Krankenversicherungen an. Allerdings ist im Rahmen der GKV immer zu beachten, dass es sich bei Krankenkassen um Körperschaften des öffentlichen Rechts handelt und sie engen gesetzlichen Regelungen unterliegen. Die Stärke eines Unternehmens einer anderen Branche muss nicht unbedingt auch auf eine Krankenkasse übertragbar sein.

---

[224] Vgl. Welge, M. K., Al-Laham, A. (2003), S. 280.
[225] Vgl. Welge, M. K., Al-Laham, A. (2003), S. 280–282.

Der *kundenorientierte Vergleich* bietet die Möglichkeit die Leistungen und Produkte des Unternehmens den Anforderungen der Kunden gegenüber zu stellen. Um Wettbewerbsvorteile generieren zu können, ist es von großer Bedeutung, die von den Kunden gestellten Anforderungen an die eigenen Leistungen zu kennen. Dabei können alle betrieblichen Wertaktivitäten zu der Erzielung von Wettbewerbsvorteilen beitragen. Zu wissen, welche Faktoren bei den Kunden kaufentscheidend sind und danach die Gestaltung der Wertkette auszuarbeiten ist daher notwendig.

Wollen Krankenkassen neue Mitglieder gewinnen und alte behalten ist es wichtig, dass sie die Erwartungen der Kunden ermitteln und die daraus gewonnen Erkenntnisse dementsprechend auch in die Tat umsetzen. In Bezug auf Leistungen ist dies zwar nur sehr eingeschränkt möglich, da sie zum größten Teil gesetzlich reguliert sind, aber im Bereich der Dienstleistungen und der Servicequalität hat die Kasse direkte Einflussmöglichkeiten.[226]

Wichtig für einen solchen Vergleich sind Befragungen der Versicherten. Insbesondere im Zuge des Gesundheitsfonds und des einheitlichen Beitragssatzes ist es für die Krankenkassen entscheidend zu wissen, welche Faktoren für die Versicherten wichtig sind und welche sie als unwichtig erachten. Das Leistungs- und Serviceprofil ist durch die veränderte Wettbewerbssituation der entscheidende Faktor geworden (siehe dazu Kap. 4.2).[227]

Eine solche Befragung wurde vom Wissenschaftlichen Institut der AOK (WIdO) im April 2009 durchgeführt. Auf diese Umfrage wird in der weiteren Arbeit noch intensiver eingegangen, da die Präferenzen der Versicherten für das Angebot der Kassen der entscheidende Faktor sein sollten und so auch Wettbewerbsvorteile gegenüber Konkurrenten durchgesetzt werden können. Für die Versicherten ist es für einen Kassenwechsel wichtig zu

---

[226] Vgl. Fröck, M. (2004), S. 123–124.
[227] Vgl. Zok (2009), S. 2.

wissen, welche Leistungen von den verschiedenen Krankenkassen angeboten werden. Der Leistungs- und Servicewettbewerb löst den zuvor gültigen Preiswettbewerb ab.[228] Da es bei der, noch immer, hohen Anzahl an verschiedenen Krankenkassen im GKV-System schwierig ist für einen einzelnen Versicherten alle Kassen miteinander zu vergleichen und die für sich beste herauszusuchen, werden Vergleiche und Beurteilungen von Kassen immer wichtiger. Solche Beurteilungen der gesetzlichen Krankenkassen werden bspw. durch das M+M Versicherungsbarometer dargestellt oder auch Focus Money, welche die Krankenkassen sowohl auf Leistungs- als auch auf Preisunterschiede testen (siehe Kap. 4.2.1.1.1).[229]

3.3 Zusammenfassung

Die Krankenkassen werden von vielen externen Faktoren beeinflusst und sind in ihrem eigenen Entscheidungsspielraum eingeschränkt. Für die Arbeit der Krankenkassen spielt der Staat eine entscheidende Rolle. Er legt die Rahmenbedingungen fest und ist in der Lage die Organisationsform der Kassen grundlegend zu ändern. So hat der Staat durch gesetzliche Veränderungen auf die Einnahmeproblematik in der GKV reagiert. Jedoch werden insbesondere der demographische Wandel und konjunkturelle Schwierigkeiten die Kassen zukünftig vor neue Herausforderungen stellen.

Technologische Entwicklungen spielen nicht nur im medizinischen Bereich für die Krankenkassen eine Rolle, sondern auch in ihrer Verwaltung. Eine gute Informationstechnik kann für die Krankenkassen zu einer besseren Kundenbetreuung und zu zeitlichen und monetären Einsparungen führen. Für eine bessere Qualität, Effizienz und Transparenz soll auch die Einführung der eGK führen. Im ersten Moment bedeutet die Einführung der Karte für die Kassen hohe Investitionssummen, die sich aber im Laufe

---

[228] Vgl. Zok (2009), S. 8.
[229] Vgl. GEK (Hrsg.) (2009), sowie Focus Money (Hrsg.) (2007).

der Zeit durch Einsparungen relativieren sollen. Die eGK soll auch die Eigenverantwortung der Versicherten erhöhen. Ihr Verhalten und ihre Anforderungen an die Krankenkassen haben direkten Einfluss auf die strategische Ausrichtung, da es im Wettbewerb der Krankenkassen um die Versicherten geht.

Innerhalb der GKV-Branche spielt die Bedrohung durch neue Anbieter aufgrund hoher Markteintrittsbarrieren keine entscheidende Rolle. Dahingegen hat sich die Verhandlungsstärke der Versicherten durch die Kassenwahlfreiheit deutlich gesteigert. Um im Wettbewerb um Versicherte erfolgreich zu sein, ist es wichtig zu wissen, was die Versicherten von den Kassen erwarten. Neue Vertragsmöglichkeiten mit Lieferanten können sowohl für die Kassen als auch für die Versicherten Vorteile bedeuten. Die Kassen können durch eine gute Vertragspolitik Einsparungen erzielen. Für die Versicherten besteht sowohl die Möglichkeit einer qualitativ besseren Behandlung, als auch ein preislicher Vorteil. Die wichtigsten Leistungserbringer für die gesetzlichen Krankenkassen sind die Krankenhäuser, der Arzneimittelsektor und die niedergelassenen Ärzte.

Die PKV als Ersatzprodukt spielt nur eine geringfügige Rolle, da sich aufgrund gesetzlicher Regelungen nur ein kleiner Teil der Bevölkerung überhaupt privat versichern kann. Die PKV kann für die GKV jedoch nicht nur ein Substitut darstellen, sondern auch einen Kooperationspartner. Gesetzliche Krankenkassen nutzen Kooperationen mit privaten Anbietern, um ihren Versicherten zusätzliche Versicherungsmöglichkeiten anzubieten, die ihnen selber gesetzlich untersagt sind. Unter den gesetzlichen Krankenkassen herrscht zum einen ein großer Wettbewerb, insbesondere auch dadurch, dass der Markt kein Wachstum hat und ein neuer Versicherter für die eine Kasse einen verlorenen Versicherten für eine andere bedeutet. Zum anderen spielen auch Fusionen eine immer wichtigere Rolle im Wettbewerb der Krankenkassen, um die Leistungsfähigkeit oder auch das Überleben der Kasse zu sichern.

3.3 Zusammenfassung

Die interne Analyse beschreibt hingegen die Stärken und Schwächen, die aus der Krankenkasse selber kommen und von dieser auch beeinflusst werden können. Dafür ist zunächst die Ermittlung dieser Stärken und Schwächen von Bedeutung. Dafür können zum einen klassische Ansätze, z. B. in Form von einfachen Zeitvergleichen herangezogen werden. Aber auch eine wertorientierte Herangehensweise in Form einer Wertkette bietet sich an. Ressourcen und Fähigkeiten liefern die Kompetenzbasis einer Krankenkasse. Dabei sind insbesondere die Mitarbeiter von Bedeutung, da sie durch ihre Fertigkeiten und ihr Wissen die Qualität stark beeinflussen. Aber auch materielle Ressourcen, wie bspw. das Geschäftsstellennetz können Stärke oder Schwäche im Vergleich zum Wettbewerb bedeuten.

Entscheidend für die Beurteilung der Stärken und Schwächen ist der Vergleich. Dieser kann direkt mit einem Wettbewerber erfolgen, branchenübergreifend oder auch kundenorientiert. Insbesondere der kundenorientierte Vergleich bietet den Krankenkassen die Möglichkeit die angebotenen Leistungen und den Service den Anforderungen und Erwartungen der Versicherten gegenüber zu stellen. Dies kann im Wettbewerb um Versicherte, insbesondere aufgrund ihrer gewachsenen Verhandlungsmacht, von großer Bedeutung sein.

4 Wettbewerbsstrategien und ihre Anwendbarkeit auf die gesetzlichen Krankenkassen

Die Formulierung und die Auswahl einer Strategie bauen auf der externen (Kap. 3.1) und der internen (Kap. 3.2) Analyse auf. Die Entwicklung einer Wettbewerbsstrategie steht dabei im Mittelpunkt. Sie beschreibt die Maßnahmen, die dem Unternehmen eine vorteilhafte Position im Wettbewerb verschaffen können.[230]

Im Folgenden werden zunächst die Wettbewerbsvorteile (Kap. 4.1) erläutert, die im System der GKV für die Krankenkassen zu einer überlegenen Stellung gegenüber den Wettbewerbern führen können. Darauf aufbauend werden die generischen Wettbewerbsstrategien (Kap. 4.2) und die hybride Wettbewerbsstrategie (Kap. 4.3) vorgestellt und ihre Anwendbarkeit auf die Krankenkassen analysiert.

4.1 Möglichkeiten zur Erzielung von Wettbewerbsvorteilen

Ein Wettbewerbsvorteil entsteht dadurch, dass das Unternehmen den Kunden ein Angebot bietet, das im Vergleich zur Konkurrenz besser ist. Der für den Abnehmer geschaffene Wert darf dabei aber die Kosten der Wertschöpfung für das Unternehmen nicht übersteigen. Das Angebot sollte vom Kunden wahrgenommen werden, für den Kunden als wichtig erachtet und nicht ohne weiteres von den Wettbewerbern eingeholt werden können.[231]

---

[230] Vgl. Welge, M. K., Al-Laham, A. (2003), S. 383, sowie Hungenberg, H. (2008), S. 195.
[231] Vgl. Hungenberg, H. (2008), S. 195–196, sowie Porter, M. (2000), S. 27.

Die Leistungen, die ein Unternehmen anbietet, stehen bei der Frage um Wettbewerbsvorteile im Mittelpunkt. Ein Unternehmen muss durch seine Leistungen die Bedürfnisse der Kunden befriedigen können und für sie damit einen Nutzen schaffen. Dieser Nutzen wird in Grund- und Zusatznutzen unterschieden.[232]

Der Grundnutzen beschreibt die grundlegenden Anforderungen der Kunden, die elementaren Aspekte der Leistungen, die sie von einem Unternehmen erwarten. Als vereinfachendes Beispiel kann die Deutsche Bahn genannt werden, von der ein Kunde erwartet, dass er von A nach B befördert wird. Im Fall von Grundnutzen besteht kaum eine Möglichkeit sich gegenüber einem Wettbewerber einen Vorteil zu verschaffen, da es für alle zwingend ist, diesen Grundnutzen der Kunden zu erfüllen. Anders verhält es sich beim Zusatznutzen. Dieser entsteht, wenn mehr als der zu erwartende Grundnutzen von einem Unternehmen erfüllt wird. Durch Zusatznutzen besteht für Unternehmen eine Möglichkeit sich von der Konkurrenz abzusetzen. Sie können damit auf Bedürfnisse der Kunden eingehen, die bei den Kunden zwar bestehen, aber von denen sie nicht erwarten, dass sie grundsätzlich erfüllt werden. Indem sie die Kundenzufriedenheit erhöhen, können Unternehmen durch Zusatznutzen einen Wettbewerbsvorteil gegenüber der Konkurrenz generieren.[233] Um bei dem Beispiel der Bahn zu bleiben, könnte diese ihren Kunden als Zusatznutzen freien Internetzugang während der Fahrt ermöglichen.

Der Grundnutzen für die Versicherten der gesetzlichen Krankenkassen besteht aus den in § 11 SGB V gesetzlich geregelten Leistungen. Diese bestimmen etwa 95% der von den Kassen angebotenen Leistungen.[234] Diese können daher nicht zur Differenzierung genutzt werden.

---

[232] Vgl. Hungenberg, H. (2008), S. 197.
[233] Vgl. Hungenberg, H. (2008), S. 198.
[234] Vgl. Moos, G., Brüggemann, F. (2006), S. 337.

Die gesetzlichen Krankenkassen haben jedoch auch die Möglichkeit dem Kunden über den Grundnutzen hinaus einen Zusatznutzen zu bieten. Insbesondere durch die Reformen der letzten Jahre sind den Kassen Variationsmöglichkeiten eröffnet worden, durch die sie den Versicherten gegenüber anderen Kassen einen erhöhten Nutzen offerieren können.

Einen solchen Zusatznutzen stellen die Wahltarife dar. Diese wurden im Zuge des GKV-WSG eingeführt, bzw. auf alle Versicherten ausgeweitet. Gemäß § 53 SGB V kann die Kasse bspw. für die Versicherten Prämien für die Teilnahme an besonderen Versorgungsformen, wie u. a. einem Disease Management Programm (siehe Kap. 2.1.1.1), anbieten. Die Prämien können entweder ausgezahlt oder auch in Form von ermäßigten Zuzahlungen gewährt werden. Auch für die Nichtinanspruchnahme von Leistungen innerhalb eines Kalenderjahres können Prämien an den Versicherten gezahlt werden. Dieses Beitragsrückerstattungs-Prinzip wurde aus der PKV übernommen und war bereits vor dem GKV-WSG für die freiwillig gesetzlich Versicherten möglich. Ein weiteres aus der PKV übernommenes Modell ist das des Selbstbehalts. In diesem Modell werden die anfallenden Rechnungen von den Versicherten bis zu einem bestimmten vereinbarten jährlichen Betrag selbst getragen. Die Versicherung kommt erst für die darüber hinaus gehenden Kosten auf. Dem Versicherten stehen im Gegenzug Tarifvergünstigungen zu.[235] Im Gesetz ist für die Wahltarife eine dreijährige Bindungsfrist festgelegt.[236] Tabelle 1 gibt eine Übersicht der Wahltarife wieder.

Der Zusatznutzen der neuen Versorgungsformen liegt jedoch nicht nur in der Möglichkeit der Wahltarife und daraus entstehenden finanziellen Erleichterungen für die Versicherten, sondern auch in deren Vorteilen selbst, die in einer effizienteren und qualitativ hochwertigeren Versorgung liegen.

---

[235] Vgl. Simon, M. (2008), S. 146–147.
[236] Vgl. Wille, M., Koch, E. (2007), S. 164.

Tabelle 1: Wahltarife in der Übersicht

Tarife	Wichtigste Merkmale
Selbstbehalttarif	• Günstigerer Beitragssatz • Versicherter zahlt bei Inanspruchnahme gesetzlicher Leistungen einen bestimmten Betrag selber
Prämie für Nichtinanspruchnahme von Leistungen	• Prämienzahlung an Pflichtversicherte, wenn in einem Kalenderjahr keine Leistungen in Anspruch genommen wurden • Die Höchstgrenze beträgt ein Zwölftel der Jahresbeiträge inklusive Arbeitgeberanteil
Prämien/Zuzahlungsbefreiungen für die Teilnahme an den besonderen Versorgungsformen	• Prämienzahlung bzw. Zuzahlungsermäßigung bei Teilnahme • Für die Kassen ist es verpflichtend, für spezielle Versorgungsauch spezielle Tarifgestaltungen anzubieten • Dies betrifft Modellvorhaben, die hausarztzentrierte Versorgung, Tarife mit Bindung an bestimmte Leistungserbringer, DMP und die integrierte Versorgung
Kostenerstattungstarif	• Anstatt Sachleistungsprinzip • Darf keine Leistungserweiterung beinhalten • Kasse kann die Höhe der Kostenerstattung variieren und dafür spezielle Prämienzahlungen durch die Versicherten vorsehen
Kostenübernahme für Arzneimittel der besonderen Therapieform	• Für Arzneimittel der besonderen Therapierichtungen, die nach § 34 Abs. 1 Satz 1 SGB V von der Versorgung ausgeschlossen sind • Insbesondere für naturheilkundlich-interessierte Versicherte attraktiv
Eigenständige Absicherung im Krankheitsfall	• Ermäßigter Beitragssatz • Kein Anspruch auf Krankengeld
Leistungsausschluss	• Prämienzahlungen an Versicherten • Kürzung des Leistungsumfangs

Quelle: Eigene Darstellung nach Wille, M., Koch, E. (2007), S. 165–175.

Die Kassen können ihren Versicherten spezielle Versorgungsangebote anbieten, die über den kollektivvertraglichen Rahmen hinausgehen und ihnen im Vergleich zu anderen Kassen einen Wettbewerbsvorteil gewähren. Dazu gehören bspw. die Integrierte Versorgung (siehe dazu Kap. 2.1.1.2), DMPs (siehe dazu Kap. 2.1.1.1), die Hausarztzentrierte Versorgung (siehe dazu Kap. 2.1.1.2) oder auch die besondere ambulante Versorgung (siehe dazu Kap. 2.1.1.2).[237] Für die Versicherten ist es daher von Vorteil, die Angebo-

---

[237] Vgl. Winkler, A. (2005), S. 23, sowie Wille, M., Koch, E. (2007), S. 238–263.

te der Krankenkassen zu den Versorgungsformen in Bezug auf die eigenen Präferenzen zu vergleichen. Dadurch besteht nicht nur die Möglichkeit einer finanziellen Verbesserung durch die Wahltarife, sondern auch eine effizientere Versorgung für das jeweilige Krankheitsbild.

Eine weitere Möglichkeit den Versicherten einen zusätzlichen Nutzen zu gewähren liegt in den Rabattverträgen. Diese können von den Krankenkassen mit Herstellern von Hilfsmitteln, aber auch mit der Pharmaindustrie abgeschlossen werden. Wie groß die Vorteile durch einen solchen Vertrag sind, hängt auch von der Einkaufsmacht der jeweiligen Krankenkasse ab. Durch einen guten Vertrag kann nicht nur die Kasse, sondern auch der Versicherte Einsparungen erzielen. Die Rabattverträge sind in Kap. 3.1.2.3, sowie in Kap. 4.2.2.1 näher erläutert.

Die Prioritäten der Versicherten bei der Frage nach zusätzlichen Leistungsangeboten der Krankenkassen liegen insbesondere bei weiteren Vorsorgeuntersuchungen für Kinder, neuartigen Behandlungsverfahren und Zahnprophylaxe. Aber auch die Übernahme der Kosten von alternativen Heilmethoden und Impfschutz bei Auslandsreisen sind für viele Versicherte ein wichtiges Argument bei der Wahl der Krankenkasse. Neben zusätzlichen Leistungen spielt auch das Serviceangebot eine wichtige Rolle. Dabei sind nicht nur die allgemeinen Serviceeigenschaften der Mitarbeiter von Bedeutung, sondern auch Serviceleistungen wie bspw. das Angebot von Zweitmeinungsverfahren.[238]

Krankenkassen können ihren Versicherten auch durch die Kooperation mit privaten Versicherungsunternehmen einen zusätzlichen Nutzen bieten. Dadurch haben die Kassen die Möglichkeit ihren Versicherten Leistungen anzubieten, die nicht im Leistungskatalog der GKV enthalten sind. Allerdings darf die Kasse dabei nur als Vermittler auftreten.[239] So hat bspw. die DAK

---

[238] Vgl. Zok, K. (2009), S. 6–7.
[239] Vgl. Winkler, A. (2005), S. 27.

eine Kooperation mit der Hanse Merkur Versicherung. Diese bietet ihren Versicherten an, im Bereich von Zahnersatz, Brillen, Krankenhausaufenthalten und bei Urlaubserkrankungen im Ausland einen Zusatzschutz abzuschließen, der den zu leistenden Eigenanteil der Versicherten reduziert.[240]

Trotz enger gesetzlicher Regelungen haben die Krankenkassen die Möglichkeit sich u. a. durch die zuvor genannten Varianten gegenüber der Konkurrenz einen Wettbewerbsvorteil zu verschaffen. Obwohl es einen einheitlichen Beitragssatz gibt, sind immer noch große Unterschiede in den angebotenen Zusatzleistungen möglich. Bspw. werden Selbstbehalttarife von einigen Kassen gar nicht angeboten, bei anderen Kassen hingegen kann der Versicherte zwischen zwölf verschiedenen Angeboten wählen. Auch das Hausarztzentrierte Modell wird lediglich von jeder dritten Kasse angeboten.[241]

Dabei ist zu beachten, dass diese Leistungsunterschiede von den Versicherten, bzw. potentiellen Versicherten auch wahrnehmbar sein müssen. Inwieweit ein Wettbewerbsvorteil in der GKV von der Konkurrenz nicht leicht einholbar ist bleibt fraglich, da auch die zusätzlichen Leistungsmöglichkeiten gesetzlich geregelt sind und ebenso andere Kassen die Möglichkeit haben, diese ihren Versicherten anzubieten. Spezielle Verträge oder auch Kooperationen bieten den Krankenkassen Potential, sich zumindest temporär einen Vorteil gegenüber der Konkurrenz zu verschaffen.

4.2 Generische Wettbewerbsstrategien in der GKV

Kunden nehmen Wettbewerbsvorteile im Allgemeinen entweder in Form von Preisunterschieden oder Leistungsunterschieden wahr. Im Folgenden werden die Strategien daher, in Anlehnung an Porter, in die Strategie der

---

[240] Vgl. DAK (Hrsg.) (o. J. a).
[241] Vgl. Deutsches Institut für Service-Qualität (Hrsg.) (2009).

Differenzierung (Kap. 4.2.1) und die Kosten- und Preisführerschaftsstrategie (Kap. 4.2.2) unterteilt. Diese idealisierten Strategietypen, die sich jeweils auf ein Merkmal konzentrieren, werden als generische Wettbewerbsstrategien bezeichnet. Die Aufteilung ist in Abbildung 13 noch einmal graphisch dargestellt. Eine Verbindung der beiden generischen Strategien stellen hybride Wettbewerbsstrategien dar. Diese werden in Kapitel 4.3 näher erläutert.[242]

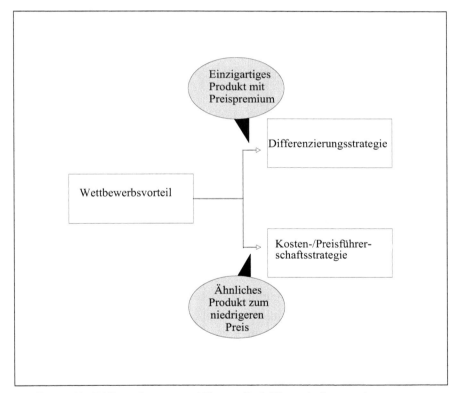

Abbildung 13: Differenzierungs- und Kosten-/Preisführerschaftsstrategie
Quelle: Hungenberg, H. (2008), S. 200.

---

[242] Vgl. Hungenberg, H. (2008), S. 199.

4.2.1 Differenzierungsstrategie

Die Strategie der Differenzierung zielt darauf ab, dem Kunden einen einmaligen Nutzen, eine bessere Leistung durch bestimmte Eigenschaften des Angebots zu bieten, durch den sich das Unternehmen von den Konkurrenten abhebt. Dabei kann diese Differenzierung überall entlang der Wertkette entstehen und nicht nur in Zusammenhang mit dem Endprodukt oder der Marketingmethode. Woraus diese Einzigartigkeit resultiert kann sehr unterschiedlich sein. Es gibt verschiedene Möglichkeiten für eine Strategie der Differenzierung. Für den Wettbewerb im GKV System sind insbesondere die Differenzierung durch Qualität (Kap. 4.2.1.1), die Differenzierung durch Marke (Kap. 4.2.1.2) und die Differenzierung durch Kundenbeziehung (Kap. 4.2.1.3) von Bedeutung.[243]

4.2.1.1 Differenzierung durch Qualität

Eine Möglichkeit der Differenzierung ist die Unterscheidung von der Konkurrenz durch Qualität. Diese Variante wird von Unternehmen am häufigsten praktiziert. Es gibt einerseits eine objektive Dimension, die durch die grundlegenden Eigenschaften des Produkts bestimmt wird. Diese Eigenschaften spielen aber für den Nutzen des Kunden nicht immer eine Rolle. Die subjektive Wahrnehmung der Kunden andererseits ist für die Differenzierung durch Qualität immer relevant. Für das Unternehmen kann sich durch eine Differenzierung die Möglichkeit eröffnen, größere Mengen von seinem Produkt zu verkaufen, einen höheren Preiszuschlag durchzusetzen oder aber auch eine starke Kundentreue zu erlangen. Dadurch können auch die möglicherweise entstandenen höheren Kosten wieder ausgeglichen werden.[244]

Im GKV-System hat durch den einheitlichen Beitragssatz die Qualität der Krankenkassen im Wettbewerb an Bedeutung gewonnen. War zuvor der

---

[243] Vgl. Hungenberg, H. (2008), S. 236, sowie Porter, M. (2000), S. 168.
[244] Vgl. Hungenberg, H. (2008), S. 237 und Porter, M. (2000), S. 169.

Preis das entscheidende Argument für Kassenwechsler, ist dieser, bis unter Umständen der Zusatzbeitrag an Gewicht gewinnt, in den Hintergrund gerückt. Dadurch wird das Dienstleistungsprofil zum zentralen Unterscheidungskriterium im Wettbewerb der gesetzlichen Krankenkassen. Die Qualität der Leistungen und des Services kann einer Krankenkasse die Möglichkeit geben, sich von ihren Konkurrenten zu unterscheiden und abzuheben.[245]

Der am häufigsten genannte Grund für einen Kassenwechsel, seit Einführung des einheitlichen Beitragssatzes, ist die Unzufriedenheit mit den angebotenen Leistungen der Krankenkasse. Damit wird deutlich, dass die Qualität und der Umfang der Leistungen für die Krankenkassen ein wichtiges strategisches Mittel darstellen. In diesem Zusammenhang ist auch die Kritik am Preis-Leistungsverhältnis zu nennen, die hauptsächlich von Versicherten solcher Krankenkassen geäußert wird, die vor Einführung des Gesundheitsfonds einen günstigeren Beitragssatz hatten. Sie erleben den einheitlichen Beitragssatz lediglich als Preiserhöhung bei gleich bleibendem Leistungsangebot. Ein weiteres wichtiges Motiv für Kassenwechsler im Leistungskontext stellt das Angebot spezieller Versorgungskonzepte anderer Krankenkassen dar. Damit sind die neuen Möglichkeiten von Versorgungsformen durch Selektivverträge für die Krankenkassen ein wichtiges Instrument, um Wettbewerbsvorteile gegenüber anderen Kassen generieren zu können (siehe dazu Kap.4.1).[246]

Besonders große Unterschiede im Bereich der Leistungen von Krankenkassen zeigen sich insbesondere beim Hausarztmodell, das, trotz gesetzlicher Verpflichtung, bisher lediglich von einem Drittel der Kassen angeboten wird (siehe dazu Kap. 2.1.1.2). Auch im Bereich der Gesundheitsförderung und Prävention unterscheidet sich das Leistungsangebot der Kassen zum Teil sehr deutlich. Die Spanne der angebotenen Leistungen reicht von 100

---

[245] Vgl. Zok (2009), S. 3, 8.
[246] Vgl. Zok (2009), S. 2, 5.

Euro bis 1.050 Euro. Auch die Übernahme der Kosten im Rahmen von Naturheilverfahren variiert zum Teil stark zwischen den Krankenkassen. Gilt bspw. die Akupunkturbehandlung bei chronischen Rücken- und Knieleiden bereits seit 2007 als Regelleistung, werden zusätzliche Leistungsübernahmen, die nicht gesetzliche vorgeschrieben sind, nicht von jeder Kasse gewährt.[247]

Neben der Qualität der Leistungen stellt die Qualität des Services einen wichtigen Parameter im Wettbewerb zwischen den Krankenkassen dar. So ist es für alle Altersgruppen besonders wichtig, dass die Kasse für sie telefonisch immer gut erreichbar ist. Der Internetauftritt stellt insbesondere für jüngere Versicherte einen entscheidenden Faktor dar, wohingegen ältere Versicherte die Nähe zu einer Geschäftsstelle als besonders wichtig erachten. Insgesamt betrachtet erwarten die Versicherten von ihrer Kasse umfassende Informationen und Beratung.[248] Aufgrund der unterschiedlichen Leistungsangebote der Krankenkassen sind die Servicemitarbeiter und die Qualität ihrer Arbeit entscheidend, um das Angebot den Versicherten und potentiellen Versicherten auch zu kommunizieren (siehe hierzu auch Kap. 4.2.1.3).

Laut einer Studie des Deutschen Instituts für Service-Qualität bestehen große Unterschiede in Umfang und Qualität des Services der Krankenkassen. Lediglich 20% der Kassen konnten mit einem sehr guten und individuellen Telefonservice überzeugen. Einige der Kunden-Hotlines sind zudem kostenpflichtig. Auch die Beantwortung eingeschickter E-Mails war nur zu zwei Dritteln vollständig. Ein weiterer großer Unterschied zwischen den Kassen besteht in ihrem Filialnetz. Je nach Kassenart bestehen deutliche Unterschiede in dessen Dichte. Die AOKen, sowie die bundesweit agierenden Ersatzkassen bieten ein flächendeckendes Geschäftsstellennetz über die gesamte Bundesrepublik. Kassen, die lediglich in einem Bundes-

---

[247] Vgl. Deutsches Institut für Service-Qualität (Hrsg.) (2009).
[248] Vgl. Zok (2009), S. 5.

land, bzw. auch nur in einem Betrieb aktiv sind verfügen über ein solches Netz in der Regel nicht. Die Anzahl der Geschäftsstellen der Krankenkassen, mit Ausnahme der Direktkassen, variiert zwischen drei und 973 (siehe dazu auch Kap. 3.2.1.3).[249]

Die veränderten Anforderungen in der GKV und die neuen Möglichkeiten im Bereich der Versorgungsformen und der Wahltarife führen auch zu veränderten Kompetenzanforderungen im Personalbereich. Lag zuvor der Schwerpunkt für die Mitarbeiter im Verwalten, wurden nach Einführung der Kassenwahlfreiheit die Vertriebskompetenz, Kommunikationsstärke und Kundenorientierung für die Mitarbeiter zum Mittelpunkt ihrer Arbeit. Auch Spezialistenwissen, insbesondere für die Erarbeitung neuer Versorgungslösungen, wird für die Krankenkassen immer wichtiger. Gut geschultes Personal und die Entwicklung von Kompetenzen der Mitarbeiter können die Qualität der Kasse entscheidend beeinflussen.[250]

Eine Beurteilung der Qualität der Krankenkassen liefern Tests und Bewertungen verschiedener Institutionen. Diese sind u. a. das bereits genannte Deutsche Institut für Service-Qualität, die Stiftung Warentest, Öko Test oder auch Focus Money. Das Internet bietet darüber hinaus auch eine Vielzahl an Möglichkeiten Krankenkassen bzw. ihre Leistungen und Angebote zu vergleichen.[251] Vor Einführung des einheitlichen Beitragssatzes lag der Hauptvergleichspunkt für Kassenwechsler überwiegend im Beitragssatz. Dies lohnte sich allerdings nur für die Versicherten, die nicht krankheitsbedingt auf spezielle Angebote ihrer Krankenkasse angewiesen waren. Durch den einheitlichen Beitragssatz und die Vielzahl an möglichen Wahltarifen und neuen Versorgungsformen ist eine Beurteilung der Kassen häufig auf unterschiedliche Schwerpunkte verteilt worden, da sich das erweiterte Angebot der Kassen auch auf die Transparenz und Übersichtlich-

---

[249] Vgl. Deutsches Institut für Service-Qualität (Hrsg.) (2009) und Simon, M. (2008), S. 126.
[250] Vgl. Kötter, P. M., Behrens, A. (2006), S. 283.
[251] Vgl. Stiftung Warentest (Hrsg.) (2007), sowie Ökotest (Hrsg.) (2005).

keit auswirkt.[252] So können bspw. die Leistungen und Zusatzmöglichkeiten für die Versicherten gegenübergestellt werden und einen Angebotsüberblick verschaffen. Weitere Beispiele sind der Vergleich der Geschäftsstellen, die Beurteilung des Services und der Beratung oder auch Vergleiche unterschiedlicher Wahltarife. Dies bietet den Versicherten und potentiellen Versicherten die Möglichkeit sich für eine Kasse zu entscheiden, die für ihre Bedürfnisse die passenden Angebote mit entsprechender Qualität anbietet. Um die Qualität für die Versicherten sichtbar zu machen nutzen viele Krankenkassen positiv ausgefallene Testergebnisse auch im Rahmen ihrer Werbemaßnahmen (siehe dazu auch Kap. 4.2.1.2).

Beispiele für die Nutzung des Faktors Qualität im Zuge von Werbemaßnahmen der Krankenkassen gibt es, insbesondere seit Einführung des einheitlichen Beitragssatzes, viele. So hat die DAK auf ihrer Internetseite eine Übersicht, der für sie positiv ausgefallenen Testergebnisse.[253] Auch die Techniker Krankenkasse nutzt Berichte über erfolgreiche Testbewertungen im Rahmen ihrer Versichertenwerbung und Versichertenbindung (siehe dazu auch Kap. 4.2.1.3).[254]

4.2.1.2 Differenzierung durch Marke

Eine weitere Möglichkeit für die Unternehmen dem Kunden einen einmaligen Zusatznutzen zu bieten ist die Differenzierung durch Marke. Das Markenphänomen und der Brauch, Produkte zu kennzeichnen, ist ein sehr altes Kulturphänomen. Der Markenartikel gilt als Vertrauensartikel, dies ist insbesondere im Konsumgütermarkt relevant, wo sich eine einzelne Person für oder gegen ein Produkt entscheidet.[255] Für den Nachfrager kann die Marke einerseits ein bestimmtes emotionales Erleben darstellen, andererseits auch zu einer Reduktion von Qualitätsunsicherheiten führen. Die Ver-

---

[252] Vgl. Knieps, F. (2008), S. 26.
[253] Vgl. DAK (Hrsg.) (2009a).
[254] Vgl. Techniker Krankenkasse (Hrsg.) (2009a).
[255] Vgl. Morwind, K. (2005), S. 855.

ringerung von Qualitätsunsicherheiten entsteht für den Kunden aus der Wahrnehmung des Qualitätsversprechens des Unternehmens und durch eigene Erfahrungen oder von Informationen, die er von anderen erhält. Der Kunde weiß, dass der Aufbau der Marke das Unternehmen sehr viel Geld gekostet hat und es dieses verlieren würde, sollte seine Qualität nicht mit der versprochenen übereinstimmen. Das emotionale Erlebnis für den Kunden kann dabei durch ein gesteigertes Selbstimage aufgrund der Marke entstehen oder auch ein besonderes Lebensgefühl oder Statusgefühl in Zusammenhang mit der Marke darstellen. Wichtig bei der Differenzierung durch Marke ist ein konsistentes Erscheinungsbild, das die angestrebte Markenbotschaft vermittelt.[256]

Seit Einführung des einheitlichen Beitragssatzes sind von den Krankenkassen vermehrt Bemühungen zur Festigung und Etablierung ihrer Marke zu beobachten. Dies zeigt sich insbesondere durch eine deutliche Steigerung der Ausgaben für Marketing seit Einführung des Gesundheitsfonds. So erhöhte die Barmer Ersatzkasse ihre Werbeausgaben auf 3,96 Millionen Euro, das ist eine Steigerung im Vergleich zum Vorjahreshalbjahr von 83 %. Laut Thorsten Jakob, Sprecher der Barmer Ersatzkasse, soll mit den verstärkten Marketingausgaben die Attraktivität und Leistungsstärke der Kasse gezeigt werden. Die KKH-Allianz vervielfachte sogar ihre Werbeausgaben von 293.000 Euro auf 2,44 Millionen Euro. Im Gegensatz dazu waren die Ausgaben für Werbung der Betriebs- und Innungskrankenkassen im Vergleich zum Vorjahr zwar rückläufig, jedoch sind die Betriebskrankenkassen bereits in der Planung einer neuen Imagekampagne.[257]

Die Marketingmaßnahmen der Kassen sollen den Bekanntheitsgrad, insbesondere bei den gewünschten Zielgruppen, erhöhen, das Image verbessern und den Marktanteil erweitern. Dabei ist es wichtig, nicht nur die Botschaft optimal zu gestalten, sondern auch das Kommunikationsmittel so zu wäh-

---

[256] Vgl. Hungenberg, H. (2008), S. 243–245.
[257] Vgl. Deutsches Ärzteblatt (Hrsg.) (2009a).

len, dass die gewünschten Zielgruppen angesprochen werden. Jedoch ist in der GKV zu beachten, dass die Aufsichtsbehörde verstärkt den Haushaltsplan und die Notwendigkeit der Werbebudgets prüft.[258]

Eine spezielle Möglichkeit zur Stärkung des Images und zur Etablierung und Festigung der Marke ist, neben bspw. Fernseh- oder auch Plakatwerbung, das so genannte Event-Marketing. Dieses kann als erlebnisorientierte Veranstaltungen der Krankenkassen verstanden werden. Diese Veranstaltungen können sich sowohl an Mitglieder wenden, als auch an potentielle Versicherte. Beispiele dafür sind die Organisation von Musikveranstaltungen, kulturelle Veranstaltungen, aber auch Sportveranstaltungen. Dabei ist auch darauf zu achten, welche Zielgruppen mit der Initiative erreicht und angesprochen werden sollen.[259] Die Krankenkassen haben zum einen die Möglichkeit selber als Organisator einer solchen Veranstaltung aufzutreten. Die Barmer Ersatzkasse bietet bspw. neben Sportkursen und Sportveranstaltungen wie Yoga, einem Waldlauf oder einem Tanztee auch Kurse wie Autogenes Training oder Nichtrauchertrainings an.[260] Zum anderen bietet Sponsoring den Krankenkassen die Möglichkeit, ihre Marke zu etablieren und eine gewünschte Zielgruppe anzusprechen, ohne dabei selber als Organisator aufzutreten. Ein Beispiel dafür ist die Techniker Krankenkasse, die als Gesundheitspartner des Fußballvereins VFL Bochum auftritt. Mit dieser Kooperation beabsichtigen sie insbesondere sportbegeisterte, junge Menschen und Familien anzusprechen.[261] Auch die DAK versucht diese Zielgruppe, als einer der Hauptsponsoren des Deutschen Leichtathletik Verbandes, zu erreichen.[262]

Eine weitere Möglichkeit die Krankenkasse als Marke zu festigen und die Kompetenz und Innovationsfähigkeit der Kasse zu demonstrieren ist die

---

[258] Vgl. Bogner, T., Loth, J., (2004), S. 90.
[259] Vgl. Bogner, T., Loth, J., (2004), S. 97.
[260] Vgl. Barmer (Hrsg.) (2009).
[261] Vgl. Techniker Krankenkasse (Hrsg.) (2009b).
[262] Vgl. Deutscher Leichtathletik Verband (Hrsg.) (o. J.).

Forschung. So bietet die DAK eine Vielzahl an Studien und Forschungsarbeiten, die sich auf die verschiedensten Bereiche im Alltag der Bevölkerung richten, an.[263] Die Publikationen schildern sowohl die Auswirkungen von Krankheiten, als auch Möglichkeiten der Prävention. Betroffene können sich dadurch über Präventionsmaßnahmen informieren ohne direkt einen Arzt zu konsultieren. Dadurch wirkt sich die Forschung der Krankenkassen nicht nur positiv auf das Image und die Verbreitung des Markennamens aus, sondern kann auch einen Einfluss auf die Ausgaben der Kasse haben.

Ein weiteres Beispiel im Bereich der Forschung der Krankenkassen ist das Wissenschaftliche Institut der AOK (WIdO). Dieses richtet sich sowohl an die Versicherten der AOK, als auch an potentielle Versicherte und soll der Sicherstellung einer qualitativ hochwertigen und wirtschaftlichen Versorgung dienen. In ihren Aufgabenbereich fallen u. a. auch Umfragen unter den Versicherten, die das Verhalten und die Präferenzen der Versicherten aufzeigen sollen. Diese Informationen sind für die Krankenkassen von großem Interesse, da sie darauf aufbauend ihre angebotenen Leistungen und ihren Service den Wünschen der Versicherten entsprechend anpassen können.[264]

4.2.1.3 Differenzierung durch Kundenbeziehung

Die dritte Möglichkeit ist die Differenzierung durch Kundenbeziehung. Dabei ist es entscheidend, dass der Kunde durch die Beziehung zur Krankenkasse einen besonderen Nutzen erfährt. Eine gute und intensive Kundenbeziehung kann beim Kunden zur Verringerung von Qualitätsunsicherheiten führen und er kann von einer zielgenaueren Lösung seiner Anliegen ausgehen. Der zentrale Erfolgsfaktor bei der Kundenbeziehung ist die Kundenbindung. Dies ist insbesondere in Märkten mit geringen oder sogar

---

[263] Vgl. DAK (Hrsg.) (o. J. b).
[264] Vgl. Wissenschaftliches Institut der AOK (Hrsg.) (o. J.).

rückläufigen Wachstumsraten wichtig. Durch eine enge Kundenbindung können auch Akquisitions- und Marketingaufwendungen reduziert werden und loyale Kunden sind zudem bereit, ein so genanntes Preispremium zu zahlen. Voraussetzung für die Kundenbindung ist, dass die Kunden zufrieden sind mit den Leistungen und Produkten des Unternehmens und diese auf ihre Bedürfnisse abgestimmt sind, was eine individuelle Analyse des Kundenbedarfs voraussetzt.[265]

Durch die Kassenwahlfreiheit und die überwiegende Homogenität der Leistungen sind die Versicherten in den Fokus des Managements der Krankenkassen gerückt. Die rückläufigen Wachstumszahlen des GKV-Marktes (siehe dazu Kap. 3.1.2.5) erhöhen die Bedeutsamkeit für die Kassen, eine intensive Kundenbindung zu ihren Versicherten aufzubauen. Der einheitliche Beitragssatz hat das Wissen über die Erwartungen und Anforderungen der Versicherten an die Krankenkasse zu einem wichtigen Faktor im Wettbewerb der GKV werden lassen. Die Serviceerwartungen der Versicherten sind in den letzten Jahren zunehmend gestiegen und spielen eine wichtige Rolle bei der Entscheidung zu einem Kassenwechsel. Ein individueller und an die Bedürfnisse der Versicherten ausgerichteter Service kann zu einer erhöhten Kundenzufriedenheit und damit zu einer besseren Kundenbindung führen.[266]

Ein wichtiger Punkt für eine gute Kundenbeziehung sind die allgemeinen Servicemaßnahmen einer Krankenkasse. Wie bereits in Kap. 4.2.1.1 genannt, sind umfangreiche Informationen und Beratung, sowie eine gute Erreichbarkeit der Kasse von großer Bedeutung für die Versicherten. In diesem Zusammenhang spielt die Kompetenz der Mitarbeiter eine entscheidende Rolle. Eine gute und individuelle Betreuung der Versicherten erfordert eine laufende Optimierung des Services und die Schulung des Personals zur Sicherstellung einer fachkundigen Beratung. Aber auch die

---

[265] Vgl. Hungenberg, H. (2008), S. 245–248.
[266] Vgl. Zerres, M., Potratz, A. (2006), S. 157.

Erreichbarkeit der Krankenkasse für die Versicherten ist ein wichtiger Parameter einer guten Kundenbeziehung. Von besonderer Bedeutung sind dabei die telefonische Erreichbarkeit, ein persönlicher Ansprechpartner, das Angebot im Internet, aber auch die Nähe zu einer Geschäftsstelle.[267] Dabei können unterschiedliche Maßnahmen zu einer starken Kundenbeziehung und damit zu einem Wettbewerbsvorteil gegenüber der Konkurrenz beitragen. Eine Maßnahme stellen erweiterte Öffnungszeiten von Servicestellen und flexible Beratungszeiten, auch beim Versicherten zu Hause, dar. Dadurch ergeben sich insbesondere Vorteile für berufstätige Versicherte, da diese oft nicht die Möglichkeit haben, zu regulären Öffnungszeiten eine Servicestelle zu besuchen. Die Einrichtung von Call-Centern, die 24 h erreichbar sind, bietet den Versicherten die Möglichkeit, sich bei akuten Fragen, zu jeder Tageszeit an die Krankenkasse zu wenden und die benötigten Informationen einzuholen. Um überflüssige Arztbesuche zu vermeiden, bietet sich auch die Einrichtung einer Ärzte-Hotline an. Dadurch können sich die Versicherten bei kleineren Problemen oder Fragestellungen telefonisch mit einem Arzt in Verbindung setzen und evtl. einen kostspieligen Arztbesuch dadurch vermeiden (siehe zu den Maßnahmen auch Abbildung 14).[268]

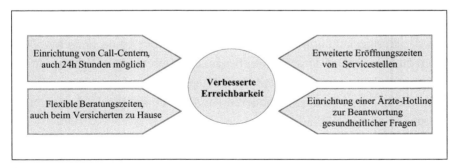

Abbildung 14: Maßnahmen zur Verbesserung der Erreichbarkeit der Kassen
Quelle: Eigene Darstellung nach Zerres, M., Potratz, A. (2006), S. 158–159.

---

[267] Vgl. Zok, K. (2009), S. 6.
[268] Vgl. Zerres, M., Potratz, A. (2006), S. 159.

Eine Verbesserung der Kundenbeziehung kann auch durch die Qualität des Kundenservices erreicht werden. Diese kann einerseits durch ein, von der Krankenkasse eingeführtes, Qualitätsmanagement kontrolliert und ergänzt werden. Eine Erweiterung des Qualitätsmanagements stellen Leitlinien und Servicestandards dar. Diese geben den Mitarbeitern feste Verhaltensweisen in ihrer Arbeit mit den Versicherten vor und es wird gewährleistet, dass innerhalb der Kasse die gleichen Grundsätze herrschen und auch nach außen vermittelt werden. Eine einheitliche Kundenansprache gibt den Versicherten das Gefühl von der Krankenkasse ernst genommen zu werden und vermittelt dadurch Sicherheit. Dieses Gefühl der Sicherheit kann zu einer gewünschten Festigung der Kundenbindung führen. Den Versicherten kann aber auch durch die Einführung eines Beschwerdemanagements die Möglichkeit gegeben werden, aktiv auf die Qualität des Kundenservices einzugreifen. Dabei ist es wichtig, dass die Mitarbeiter speziell auf diese Aufgabe geschult werden, damit trotz der Konfliktsituation ein positiver Eindruck beim Kunden hinterlassen werden kann und die Beziehung dadurch nicht negativ geprägt wird.[269]

Eine weitere Möglichkeit eine Kundenbeziehung aufzubauen stellen die Wahltarife dar (siehe dazu Kap. 4.1). Diese ermöglichen zum einen, durch bestimmte Tarife neue Versicherte zu akquirieren und zum anderen, durch die dreijährige Bindungsfrist die Versicherten über einen längeren Zeitraum zu binden. Das Angebot von besonders interessanten Wahltarifen für Versicherte kann somit zu einem Vorteil gegenüber anderen Kassen führen und sowohl Versicherte einer anderen Kasse zu einem Wechsel animieren, als auch eine Kassenbindung bewirken.[270]

Besonders wichtig für eine individuelle Ansprache der Versicherten ist die Analyse der Kundenstruktur. Das Herausfiltern, welche Angebote für welche Versichertengruppen von Bedeutung sein könnten und wie diese

---

[269] Vgl. Zerres, M., Potratz, A. (2006), S. 159–160.
[270] Vgl. Wimmer, A. (2008), S. 213.

am besten kommuniziert werden können spielt dabei eine bedeutende Rolle.[271] In diesem Zusammenhang sind auch die, in Kapitel 3.1.1.3 erläuterte EDV und IT von großer Bedeutung, da diese den Informationsaustausch innerhalb der Krankenkasse und eine korrekte und eindeutige Datenablage sicherstellen. Ein hoher Grad an Konsistenz und die Verfügbarkeit von Daten über die Versicherten sind für eine individuelle Ansprache der Versicherten und Gestaltung der Angebote von Relevanz.

4.2.2 Kosten- und Preisführerschaftsstrategie

Ein Unternehmen kann eine Kosten- und Preisführerstrategie wählen, wenn es ein Produkt anbietet, das sich kaum von dem der Konkurrenz unterscheidet, im Preis aber unter dem der Wettbewerber liegt. Diese Strategie ist für das Unternehmen allerdings nur dann langfristig durchführbar, wenn auch die Kosten unter denen der Konkurrenz liegen. Der niedrigere Preis soll die Kunden zur verstärkten Nachfrage nach dem Produkt bewegen. Ein Unternehmen muss zur Verwirklichung dieser Strategie in der Lage sein Kostenvorteile im Unternehmen zu identifizieren und zu realisieren. Kostenvorteile können einerseits durch strukturelle Unterschiede (Kap. 4.2.2.1), aber auch durch Effizienzunterschiede aufgrund eines unterschiedlichen Kostenmanagements (Kap. 4.2.2.2) zustande kommen.[272]

4.2.2.1 Strukturelle Kostenunterschiede

Kostenvorteile durch strukturelle Unterschiede können zum einen betriebsgrößenbedingt sein. So genannte Skaleneffekte beschreiben, wie sich die Stückkosten mit steigender Produktions- und Absatzmenge verringern. Dies kann u. a. an effizienteren Maschinen liegen, die bei einer größeren Produktion eingesetzt werden können, aber auch an der Verteilung der Fixkosten auf eine größere Stückzahl. Zum anderen können auch Verbundeffekte zu

---
[271] Vgl. Rittner, A. M., Kielhorn, H., Schönermark, M. P. (2009), S. 273.
[272] Vgl. Hungenberg, H. (2008), S. 201–201, 211.

Kostenunterschieden im Vergleich zur Konkurrenz führen. Diese können einerseits regional sein, indem ein Produkt in verschiedenen Regionen gleichzeitig angeboten wird, andererseits auch produktorientiert, wenn ein Unternehmen mehrere Produkte auf einem Markt anbietet. Erfahrungseffekte stellen die dritte Möglichkeit struktureller Kostenunterschiede dar. Dieses Konzept beruht auf lerntheoretischen Kenntnissen und besagt, dass Tätigkeiten nach mehrmaliger Wiederholung zunehmend leichter fallen.[273]

Insbesondere mit Einführung des GKV-WSG 2007 hat die Betriebsgröße einer Krankenkasse erheblich an Bedeutung gewonnen. Dies ist zum einen bedingt durch neue Vertragsmöglichkeiten im Bereich der Versorgungsformen, aber auch durch die Möglichkeit von Rabattverträgen der Kassen direkt mit den Leistungserbringern (siehe dazu Kap. 3.1.2.3). Eine größere Kasse mit einem höheren Marktanteil hat eine bessere Verhandlungs- und Einkaufsmacht als eine kleine Krankenkasse, die nur eine geringe Anzahl Versicherter betreut.[274] Dadurch hat eine größere Kasse die Möglichkeit, Verträge mit besseren Konditionen sowohl für sich, als auch für die Versicherten abzuschließen. Dies wird zudem durch eine größere Absatzmenge, u. a. im Bereich von Rabattverträgen mit Arzneimittelherstellern verstärkt. Zudem besteht auch die Möglichkeit, Dritte, z. B. Managementgesellschaften, mit der Bündelung der Einkaufsmacht zu beauftragen.[275] Vielen kleinen Krankenkassen ist ein wirtschaftliches Arbeiten dadurch nicht mehr möglich.[276] Dies verstärkt den schon seit einigen Jahren im GKV-Markt laufenden Konzentrationsprozess der Krankenkassen (siehe zu Fusionen Kap. 3.1.2.5).

Die Möglichkeiten zum Abschluss von Rabattverträgen mit Pharmaunternehmen wurden Anfang September erweitert. Das Landessozialgericht

---

[273] Vgl. Hungenberg, H. (2008), S. 212–217.
[274] Vgl. Knieps, F. (2008), S. 24.
[275] Vgl. Knieps, F. (2008), S. 27.
[276] Vgl. Plate, A., Siener, F. (2006), S. 414.

Nordrhein-Westfalen hat entschieden, dass Rabattverträge zu einzelnen Wirkstoffen mit bis zu drei Unternehmen geschlossen werden können. DAK-Chef Herbert Rebscher sieht darin die Möglichkeit, die Lieferfähigkeit der Apotheken zu verbessern und damit auch die Versorgung der Kunden zu sichern. Ist das Präparat eines Herstellers nicht auf Lager, kann der Apotheker auf ein alternatives Produkt eines anderen Herstellers zurückgreifen und kann damit den Bedürfnissen des Kunden entgegenkommen (siehe zu Rabattverträgen mit Pharmaunternehmen auch Kap. 3.1.2.3).[277]

4.2.2.2 Effizienzunterschiede

Da strukturelle Kostenunterschiede oft nicht ausreichend sind und auch die Möglichkeit besteht, dass zwischen Wettbewerbern strukturell kaum Unterschiede bestehen, muss ein Unternehmen auch ein gutes Kostenmanagement haben um eine Kosten-/Preisführerstrategie umsetzen zu können. Besonders wichtig ist es dabei, die Kostentransparenz und -beeinflussbarkeit nicht zu verlieren. Ein gutes Kostenmanagement optimiert die laufenden Kosten in allen Wertschöpfungsbereichen.[278]

Ein Punkt für ein gutes Kostenmanagement in den gesetzlichen Krankenkassen sind die Verwaltungskosten. Wie bereits in Kapitel 2.1.2 erläutert, werden diese seit dem 01.01.2009 auch durch den Gesundheitsfonds gedeckt. Die Zuteilung ergibt sich zu 50% aus der Anzahl der Versicherten und zu 50% aus deren Morbidität. Durch diese Zuteilung haben die Krankenkassen die Möglichkeit, einen positiven Deckungsbeitrag durch ein gutes Kostenmanagement im Bereich der Verwaltung zu erzielen.[279] Jedoch ist das Einsparpotential in diesem Bereich relativ gering und um auf laufend wachsenden Anforderungen des Gesetzgebers reagieren zu können, bedarf es zudem qualifiziertem Personal.[280]

---

[277] Vgl. DAK (Hsrg.) (2009b).
[278] Vgl. Hungenberg, H. (2008), S. 221–227.
[279] Vgl. Osterkamp, N. (2008), S. 119–131.
[280] Vgl. Wasem, J., Greß, S. (2006), S. 229–230.

Eine weitere Möglichkeit Kosten einzusparen liegt in der EDV und der IT (siehe dazu auch Kap. 3.1.1.3). Verfügt eine Krankenkasse über ein gutes Informationssystem kann es große Mengen an Bestands-, Beitrags- und Leistungsdaten sichern und effizient verwalten. Durch einen organisierten Informationsaustausch innerhalb der Kasse können Schnittstellenprobleme behoben und Doppelarbeiten vermieden werden. Zudem bietet ein gutes EDV-System die Fähigkeit, Kerngeschäftsprozesse zu beschleunigen und eine Kostenkontrolle zu jeder Zeit durchzuführen. Dadurch können Effizienzverluste bzw. Effizienzpotentiale ausfindig gemacht werden.[281] Doch nicht nur die Sicherung und der Austausch der Daten ist ein Vorteil, sondern auch die Option der Auswertung der vorhandenen Daten. Dadurch hat die Krankenkasse die Möglichkeit, dem Versicherten zum richtigen Zeitpunkt das passende Angebot anzubieten. Diese Individualisierung kann sich dann wieder positiv auf die Beziehung zu den Versicherten auswirken.

Die Effektivität einiger Prozesse einer Krankenkasse könnte zudem auch durch die Vernetzung mit einer anderen Kasse verbessert werden. Dies wäre dann vorteilhaft, wenn die Alleinstellungsmerkmale hinter den finanziellen Vorteilen liegen, bzw. auch wenn Alleinstellungsmerkmale überhaupt nicht zu erzielen sind. Durch solche Kooperationen oder strategische Allianzen haben die Kassen die Möglichkeit regionale Marktpositionen zu verbessern und zu erweitern.[282]

4.3 Die hybride Wettbewerbsstrategie in der GKV

Die hybride Wettbewerbsstrategie stellt die Verbindung von Kosten- und Preisführerschaft und der Differenzierung dar. Das Unternehmen kann ein für den Kunden hoch differenziertes Produkt, zu einem, im Vergleich zum

---

[281] Vgl. Plate, A., Siener, F. (2006), S. 406 und Moos, G., Brüggemann, F. (2006), S. 345.
[282] Vgl. Moos, G., Brüggemann, F. (2006), S. 345.

Wettbewerb, günstigen Preis anbieten. Diese Strategie wird auch als „Outpacing-Strategie" bezeichnet (siehe dazu auch Abbildung 15). Der Vorteil gegenüber einer reinen Differenzierungsstrategie liegt darin, dass das Unternehmen durch den günstigen Preis die Nachfrage ausweiten kann und damit einen höheren Marktanteil verwirklichen kann. Ihr Vorteil im Vergleich zu einer reinen Kosten- und Preisführerschaft liegt an der, vom Kunden wahrgenommenen Einzigartigkeit, wodurch das Unternehmen im Wettbewerb Substitutionsschutz erlangen und die Marktposition stärken kann.[283] Auf die einzelnen Aspekte der generischen Wettbewerbsstrategien wird im Folgenden nicht mehr eingegangen, da diese bereits in Kap. 4.2 intensiv erläutert wurden.

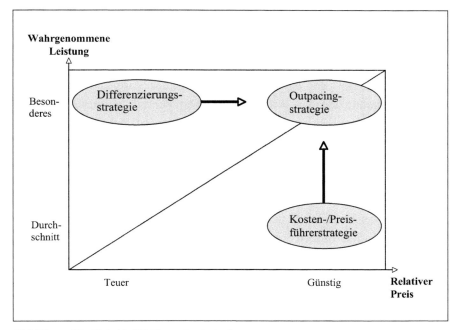

Abbildung 15: Hybride Wettbewerbsstrategie
Quelle: Hungenberg, H. (2008), S. 205.

---

[283] Vgl. Hungenberg, H. (2008), S. 204–205.

Ansätze einer hybriden Wettbewerbsstrategie spielen auch in der gesetzlichen Krankenkasse eine wichtige Rolle. Wie bereits in Kapitel 4.2.1 erläutert, ist das Leistungs- und Serviceprofil der Krankenkassen für die Versicherten in den Fokus gerückt und hat das Preisargument vorläufig relativiert. Das zentrale Unterscheidungskriterium liegt in der Dienstleistung der Kasse. Dabei spielen sowohl die Differenzierung durch Qualität, durch Marke als auch durch Kundenbeziehung eine wichtige Rolle. Die Entwicklung eines spezifischen Wertversprechens hat dadurch stark an Bedeutung gewonnen.[284]

Neben den angesprochenen positiven Faktoren einer Differenzierungsstrategie darf auch der Einfluss des Zusatzbeitrags nicht außer Acht gelassen werden, da dieser von der Mehrheit der Versicherten entschieden abgelehnt wird. Bislang musste er auch lediglich von einer Krankenkasse erhoben werden (siehe Kap. 2.1.1.2).[285] Die Angst der Kassen vor der Erhebung eines Zusatzbeitrags ist durch den einfachen Vergleich der Beiträge begründet. Diese erhöhte Transparenz könnte selbst träge Versicherte zu einem Wechsel animieren. Die Kassen sind daher, insbesondere in der Startphase des Gesundheitsfonds darauf bedacht, Wirtschaftlichkeitspotentiale auszuschöpfen und Leistungsausgaben konsequent zu steuern, um einen Zusatzbeitrag zu vermeiden.[286] Dabei bieten u. a. neue Versorgungsformen und Rabattverträge mit Pharmaunternehmen und Hilfsmittelherstellern den Krankenkassen einerseits Einsparpotenziale und andererseits auch die Möglichkeit ihren Versicherten eine verbesserte Versorgung zu bieten. Ein umfassendes und grundlegendes Verständnis der Bedürfnisse und Erwartungen der Kunden ist dabei aufgrund der begrenzten Ressourcen unumgänglich. Dadurch können Maßnahmen zielgerichtet und passgenau für die Versicherten entwickelt werden.[287] Strukturelle Kostenunterschiede und Effizienzvorteile gegenüber anderen Krankenkassen können somit zur Vermeidung eines Zusatzbeitrags führen und damit auch zu einer verbesserten Stellung der Kasse im Wettbewerb.

---

[284] Vgl. Rittner, A. M., Kielhorn, H., Schönermark, M. P. (2008), S. 273.
[285] Vgl. Zok, K. (2009), S. 3.
[286] Vgl. Knieps, F. (2008), S. 24.
[287] Vgl. Rittner, A. M., Kielhorn, H., Schönermark, M. P. (2008), S. 273.

5 Zusammenfassung und Ausblick

Die Einführung des Gesundheitsfonds mit einem einheitlichen Beitragssatz für alle Krankenkassen bedeutete für das strategische Management der Kassen ein Umdenken. Das zuvor geltende Preisargument im Wettbewerb der Krankenkassen wurde relativiert. Das Ziel dieser Arbeit war es daher, Ansätze möglicher Wettbewerbsstrategien für die Krankenkassen unter den aktuellen Bedingungen aufzuzeigen.

Dazu wurden zunächst die aktuellen Bedingungen und die gesetzlichen Änderungen und Neuerungen durch das GKV-WSG, die im Bezug zur strategischen Ausrichtung der Krankenkassen stehen, aufgezeigt. Aufgrund der zu 95% gesetzlich vorgeschriebenen Leistungen der Krankenkassen sind insbesondere die Möglichkeiten von Bedeutung, die den Versicherten einen Mehrwert bieten. Dabei spielen Wahltarife, neue Versorgungsformen, Selektivverträge und die Möglichkeit von Rabattverträgen eine wichtige Rolle. Es wurde aufgezeigt, dass im Angebot dieser Leistungen und Verträge zwischen den Kassen zum Teil große Unterschiede herrschen und sich dadurch Differenzierungspotentiale für die im gegenseitigen Wettbewerb stehenden Krankenkassen ergeben.

Die neuen Vertragsmöglichkeiten machen deutlich, dass die Größe der Krankenkasse zu einem entscheidenden Faktor im Wettbewerb geworden ist. Je größer die Krankenkassen und die Anzahl ihrer Versicherten, desto größer auch ihre Verhandlungsmacht. Können die Krankenkassen gute Verträge aushandeln, haben sie dadurch die Möglichkeit Kosten einzusparen und Vorteile im Wettbewerb zu erzielen. Dies ist auch einer der Gründe für die hohe Zahl der Fusionen in der GKV. Ein weiterer Grund ergibt sich aus der Einführung des Morbi-RSA. Insbesondere kleine Betriebskrankenkassen sind durch den neuen Finanzausgleich oft nicht mehr in der Lage für die Kosten, die sich u. a. aus Krankengeldzahlungen ergeben, aufzukommen. Dies drückt sich auch in der Anzahl der Krankenkassen aus, die von 1.209 im Jahr 1991 auf 186 im August 2009 gesunken ist und damit die Kassenlandschaft stark verändert hat.

Mit Hilfe der strategischen Analyse wurden in Kapitel drei sowohl die Umwelt und die Branche, als auch die interne Perspektive der gesetzlichen Krankenkassen untersucht. Der wichtigste externe Faktor ist der Staat, da dieser den Kassen nicht nur ihre Rechte und Pflichten verleiht, sondern auch die Möglichkeit hat, direkt in ihre Organisation einzugreifen. Insbesondere zeigt sich dies in den gesetzlichen Veränderungen und Reformen, die in den letzten Jahren in immer kürzer werden Abschnitten erfolgten. Ein deutliches Beispiel dafür ist die Einführung des Gesundheitsfonds mit einem einheitlichen Beitragssatz. Aber auch aus der gesamtwirtschaftlichen Lage ergeben sich Auswirkungen auf die Krankenkassen, ohne dass diese darauf Einfluss nehmen können. Ein Risiko stellt dabei der demographische Wandel der Bevölkerung dar. Die Verschiebung der Alterstruktur bewirkt u. a. eine Erhöhung der Gesundheitsausgaben, aufgrund ansteigender Pro-Kopf-Ausgaben im Alter. Als Resultat einer anhaltenden hohen Arbeitslosigkeit ergeben sich zudem sowohl eine Verringerung der Einnahmen, als auch ein Anstieg der Ausgaben durch vermehrtes Auftreten von Krankheiten bei den Betroffenen. Eine Chance hingegen können technologische Neuerungen im IT und EDV Bereich der Krankenkassen bedeuten. Neue Systeme bieten den Kassen intensivere Controllingmöglichkeiten, aber auch erhöhte Planungssicherheiten und einen reibungslosen Informationsfluss, der insbesondere im Kundenkontakt eine wichtige Rolle spielt. Die Analyse der gesellschaftlichen Umwelt ergab eine Erhöhung der Souveränität der Versicherten, insbesondere seit Einführung der Kassenwahlfreiheit. Dies zeigt wie wichtig es für die Krankenkassen ist die Anforderungen und Erwartungen der Versicherten zu kennen und ihr Angebot danach auszurichten, um dadurch Vorteile im Wettbewerb erzielen zu können.

5 Zusammenfassung und Ausblick

Die interne Analyse bietet den Krankenkassen die Möglichkeit, sich der eigenen Stärken und Schwächen bewusst zu werden. Die Fähigkeiten und Ressourcen spielen dabei eine entscheidende Rolle. Von besonderer Relevanz sind die Mitarbeiter, die durch die Interaktion mit den Kunden die Dienstleistungsqualität der Kassen entscheidend mitbestimmen. Aber auch materielle Ressourcen, wie die Anzahl der Geschäftsstellen, zeigen sich im Wettbewerb der Kassen, in Bezug auf die Anforderungen der Versicherten von Bedeutung.

Die in Kapitel vier genannten möglichen Ansätze von Wettbewerbsstrategien der Krankenkassen machen deutlich, dass der einheitliche Beitragssatz zu großen Veränderungen im Wettbewerb geführt hat. Lag zuvor das Preisargument für Kassenwechsler an erster Stelle, hat dies seit Einführung des einheitlichen Beitragssatzes an Bedeutung verloren, zumindest solange, bis der Zusatzbeitrag wieder eine Rolle spielt. Stattdessen zeigen die Anforderungen der Versicherten an ihre Krankenkasse, dass das Leistungs- und Serviceprofil der entscheidende Faktor im Wettbewerb der Krankenkassen geworden ist. Für die Versicherten stehen nun die Qualität und der Service im Vordergrund. Als besonders wichtig werden dabei von den Versicherten die zielgruppengerechten Versorgungsangebote, gute Erreichbarkeit und ausreichende Informationen erachtet. Differenzierungsstrategien spielen daher im Wettbewerb der Krankenkassen eine wichtige Rolle. Dabei sind sowohl die Differenzierung durch Qualität, durch Marke, als auch durch Kundenbeziehung von Bedeutung.

Bei der Differenzierung durch Qualität stehen neben den eigenen Erfahrungen der Versicherten auch Beurteilungen und Tests unterschiedlicher Institutionen im Fokus. Aufgrund der Vielzahl angebotener Leistungen und Wahltarife werden diese Beurteilungen häufig auf unterschiedliche Schwerpunkte, wie bspw. den Vergleich des Services unterschiedlicher Kassen, verteilt. Die veröffentlichten Bewertungen bieten den Versicherten die Möglichkeit eine Krankenkasse nach ihren persönlichen Präferenzen zu wählen. Die Kassen nutzen solche positiven Bewertungen auch im Zuge ihrer Werbemaßnahmen, um ihre angebotenen Leistungen und deren Qualität für die Versicherten sichtbar zu machen.

Gestiegene Marketingausgaben der Krankenkassen seit Einführung des Gesundheitsfonds zeigen die Bedeutung, welche die Etablierung und Festigung ihrer Marke für die Krankenkassen hat um sich im Wettbewerb Vorteile zu verschaffen. Dabei ist nicht nur die Botschaft, sondern auch das richtige Kommunikationsmittel von Bedeutung um die gewünschten Zielgruppen anzusprechen.

Der Wunsch der Versicherten nach individuellem Service und Beratung verdeutlicht, wie wichtig eine gute Kundenbeziehung ist. Neben der Kompetenz der Mitarbeiter und Maßnahmen für eine verbesserte Erreichbarkeit der Kassen für die Versicherten spielen daher auch die EDV und IT eine wichtige Rolle. Diese stellen den Informationsaustausch innerhalb der Kasse sicher und setzen damit die grundlegenden Voraussetzungen für eine individuelle Ansprache des Kunden.

Dass jedoch auch der Zusatzbeitrag und damit die Beachtung der Kostenseite nicht vernachlässigt werden darf, wird anhand der Mehrheit der Versicherten deutlich, die sich gegen die Erhebung eines Zusatzbeitrags aussprechen. Die leichte Vergleichbarkeit von Kassen mit und ohne Zusatzbeitrag birgt die Gefahr, dass nach Erhebung der ersten Zusatzbeiträge wieder das Preisargument in den Vordergrund rückt und zu einem Wechsel der Versicherten in eine günstigere Kasse führt. Deshalb sind die Kassen, insbesondere in der Anfangsphase des Gesundheitsfonds darauf bedacht, die Erhebung eines Zusatzbeitrags zu vermeiden. Dabei können strukturelle Unterschiede, bspw. die Größe der Krankenkasse, zu einer besseren Stellung bei Vertragsverhandlungen und somit zu Kosteneinsparungen und Vorteilen im Wettbewerb führen. Aber auch ein gutes Informationssystem bietet Potential, durch die Vermeidung von Doppelarbeiten und die Überwindung von Schnittstellen effizienter zu arbeiten und dadurch ebenfalls Kosten einzusparen.

Der Gesundheitsfonds hat schon vor seiner Einführung immer wieder zu politischen Diskussionen geführt. Diese haben aktuell deutlich zugenommen, was zum Teil dadurch begründet ist, dass nach Berechnungen des Schätzerkreises für die GKV im Jahr 2009 bereits 2,9 Milliarden Euro fehlen sollen. Während die FDP um eine Abschaffung des Gesundheitsfonds bemüht ist, spricht sich die Union für die Beibehaltung aus, sieht aber Verbesserungspotentiale. Laut Unions-Fraktionschef Volker Kauder steht der Gesundheitsfonds im Zuge der Koalitionsverhandlungen nicht zur Disposition.[288]

Der Gesundheitsfonds mit der Einführung eines einheitlichen Beitragssatzes hat die Faktoren im Wettbewerb der Krankenkassen verschoben. Weg von einer Differenzierung über den Beitragssatz und hin zu einer Leistungs- und Servicedifferenzierung. Inwieweit diese Veränderungen auch in Zukunft Bestand haben werden hängt entscheidend von der neuen Regierung ab.

---

[288] Vgl. Deutsches Ärzteblatt (Hrsg.) (2009b).

Literaturverzeichnis

AOK (Hrsg.) (o. J. a): AOK die Gesundheitskasse – Startklar, URL: https://www.aok.de/?logurl=/bawue/htm/ausbildung/karriere/karriere_02.php%3Fsid%3D2335a20ba91829c99ee69cf28a22601b& [Stand 31. 07. 2009]

AOK (Hrsg.) (o. J. b): Arzneimittel-Verträge, URL: http://www.aok.de/bund/rabattvertraege/ [Stand 13. 08. 2009]

AOK Baden Württemberg (2009): Ein Jahr AOK-Hausarzt Programm in Baden-Württemberg, URL: http://www.aok.de/baden-wuerttemberg/presse/ein-jahr-aok-hausarztprogramm-in-baden-wuerttemberg-86913.php [Stand 28. 08. 2009]

AOK Bundesverband (Hrsg.) (o. J. a): GKV – Gesundheitsreform 2000, in AOK Lexikon, URL: http://www.aok-bv.de/lexikon/g/index_00374.html [Stand 21. 05. 2009]

AOK Bundesverband (Hrsg.) (o. J. b): Wahltarife, in: AOK Lexikon, URL: http://www.aok-bv.de/lexikon/w/index_00050.html [Stand 20. 05. 2009]

AOK Bundesverband (Hrsg.) (o. J. c): Beitragsbemessungsgrenze, in: AOK Lexikon, URL: http://www.aok-bv.de/lexikon/b/index_00237.html [Stand 20. 05. 2009]

AOK Bundesverband (Hrsg.) (o. J. d): Das Gesundheitssystem in Schweden, in: AOK Lexikon, URL: http://www.aok-bv.de/politik/europa/index_01403.html [Stand 13. 06. 2009]

AOK Systems (Hrsg.) (o. J.): Historie, URL: http://www.aok-systems.de/historie.php [Stand 04. 08. 2009]

AUBI-Plus (Hrsg.) (o. J.): Techniker Krankenkasse, URL: http://www.aubiplus.de/sp_tk/ausbildung2.html?PHPSESSID=t7pfmcremjajrbdhl24lbpmda6 [Stand 31. 07. 2009]

Bales, Stefan, Dierks, Christian, Holland, Jana, Müller, Jürgen H. (2007): Die elektronische Gesundheitskarte, Heidelberg, München.

Barmer (Hrsg.) (2007): Versicherte sparen Zuzahlungen von 1,5 Millionen Euro durch Arzneimittel-Rabattverträge, URL: http://www.barmer.de/barmer/web/Portale/Versichertenportal/Presse-Center/Presse-Archiv/2007_2007_20bis_2009/070813_20Einsparungen_20bei_20Zuzahlungen/Einsparungen_20bei_20Zuzahlungen.html [Stand 14. 08. 2009]

Barmer (Hrsg.) (2009): Veranstaltungssucher – Gesundheitskurse in ihrer Nähe, URL: https://www.barmer.de/barmer/web/Portale/Versichertenportal/Sport_20und_20Ern_C3_A4hrung/Aktionen_20und_20Veranstaltungen/Veranstaltungskalender/Veranstaltungskalendar_20App.html?appInstanceId=1253006971109725&appView=search-View&webflowTraceContainerToken=1253006971109352 [Stand 15. 09. 2009]

Barmer (Hrsg.) (o. J.): Auf einen Blick, URL: http://www.barmer.de/barmer/web/Portale/Versichertenportal/_C3_9Cber_20die_20BARMER/Daten_20_26_20Fakten/Auf_20einen_20Blick/Auf_20einen_20BlickCID__65440.html [Stand 31. 07. 2009]

Barnhofer, Gabriele (1995): Kurzarbeit zu Vermeidung betriebsbedingter Kündigungen, Frankfurt am Main.

Barth, Theo, Hölscher, Andreas, Kreilein, Bettina (2008): Die Krankenhausreform 2009, in: Repschläger, Uwe (Hrsg.), Barmer – Gesundheitswesen aktuell 2008, Wuppertal, S. 218–239.

Beckmann, Johannes, Helga Kuhn (1993): Kursbuch Krankenversicherung, Göttingen.

Beske, Fritz, Ratschko, Karl-Werner (2006): Das GKV-Modernisierungsgesetz – GMG und seine Auswirkungen: – Eine kritische Analyse –, Band 106, Kiel.

Birg, Herwig (2004): Soziale Auswirkungen der demographischen Entwicklung, in: Informationen zur politischen Bildung, Ausgabe 282, 1. Quartal 2004, URL: http://www.bpb.de/publikationen/KN8WS2,2,0,Soziale_Auswirkungen_der_demographischen_Entwicklung.html [Stand 04.08.2009]

BKK Essanelle (Hrsg.) (2009): BKK Essanelle fordert Rückkehr zur Beitragsautonomie, URL: http://www.bkk-essanelle.de/inhalte/presse-lounge/pa-anzeige. html?tx_ttnews [pointer]=1&tx_ttnews[tt_news]=650&tx_ttnews[backPid]=1745&cHash= 2763b0cc69 [Stand 10.10.2009]

Bogner, Thomas und Jörg Loth (2004): Marketing für Krankenkassen: Der Weg zur Aufsteigerkasse, Bern.

Bundesministerium für Gesundheit (Hrsg.) (2008): Kennzahlen der gesetzlichen Krankenversicherung 1998 bis 2007; 1. bis 4. Quartal 2008, URL: http://www.bmg.bund.de/cln_151/nn_1168258/SharedDocs/Downloads/DE/Statistiken/Gesetzliche-Krankenversicherung/Kennzahlen-und-Faustformeln/Kennzahlen-und-Faustformeln.html [Stand 16.05.2009]

Bundesministerium für Gesundheit (Hrsg.) (2009a): Gesetzliche Krankenversicherung – Mitglieder, mitversicherte Angehörige und Krankenstand, URL: http://www.bmg.bund. de/cln_100/nn_1193098/sid_71987C903D72D14F77A5ED45A4C23D2C/nsc_true/ SharedDocs/Downloads/DE/Statistiken/Gesetzliche-Krankenversicherung/Mitglieder-und-Versicherte/KM1JD2004-pdf-5112.html [Stand 23.08.2009]

Bundesministerium für Gesundheit (Hrsg.) (2009b): Gesundheitskarte – Mehr Mitsprache, mehr Qualität, mehr Effizienz, URL: http://www.bmg.bund.de/cln_091/nn_1211088/ SharedDocs/Standardartikel/DE/AZ/E/Glossarbegriff-Elektronische-Gesundheitskarte-Mitsprache-Qualitaet-Effizienz.html?__nnn=true [Stand 04.09.2009]

Bundesversicherungsamt (Hrsg.) (2008): So funktioniert der Risikostrukturausgleich bis 2008, URL: http://www.bundesversicherungsamt.de/cln_100/nn_1046668/DE/Risiko strukturausgleich/Wie__funktioniert__Morbi__RSA,templateId=raw,property=publicationFile.pdf/Wie_funktioniert_Morbi_RSA.pdf [Stand 29.05.2009]

Bundesversicherungsamt (Hrsg.) (2009a): Zulassung der Disease Management Programme (DMP) durch das Bundesversicherungsamt (BVA), URL: http://www.bundesversiche rungsamt.de/cln_048/nn_1046648/DE/DMP/dmp__node.html?__nnn=true [Stand 03.06.2009]

Bundesversicherungsamt (Hrsg.) (2009b): Pressemitteilung Nr. 6/2009 – Bundesversicherungsamt zur Erhebung eines Zusatzbeitrags durch die GBK, URL: http://www.bundes versicherungsamt.de/cln_091/nn_1045774/sid_C0FDE68191E01FB677D9EE9DE739 A583/DE/Presse/Archiv__Standardartikel/09-08-19__PE.html?__nnn=true [Stand 24.08.2009]

Literaturverzeichnis 113

Cassel, Dieter (1993): Organisationsreform der GKV Anspruch und Wirklichkeit, in: Journal of Public Health 1, 2, 101–115.

Cassel, Dieter (1984): Wettbewerb in der Krankenversicherung: Möglichkeiten und Grenzen, in: Bundesarbeitsblatt, Schwerpunktheft Ordnungspolitische Alternativen der Gesundheitspolitik, 12, 31–33.

DAK (Hrsg.) (2009a): Die DAK ist ausgezeichnet, URL: http://www.dak.de/content/dakhome/auszeichnungen.html [Stand 15.09.2009]

DAK (Hrsg.) (2009b): DAK siegt im Rechtsstreit: Landessozialgericht bestätigt Ausschreibung bei Rabattverträgen, URL: http://www.presse.dak.de/ps.nsf/DownloadForm?OpenForm&URL=546B41C6D52A9132C125762A0040755A/$File/090908_Rabattvertrag_LSG_Urteil_I.pdf&Typ=Pdf [Stand 01.10.2009]

DAK (Hrsg.) (o.J. a): DAKplus Gesundheit Spezial, URL: http://www.dak.de/content/dakzusatzschutz/dakspezial.html [Stand 04.09.2009]

DAK (Hrsg.) (o.J. b): DAK-Forschung, URL: http://www.presse.dak.de/ps.nsf/allLevel2Form?Open&GoTo=Info06 [Stand 22.09.2009]

Daubenbüchel, Rainer (2001): Die Krankenkasse im Spannungsfeld zwischen Wettbewerb und staatlicher Aufsicht, in: Alexander, Andrea, Rath, Thomas (Hrsg.), Krankenkassen Im Wandel, Wiesbaden, 77–102.

Deutsches Ärzteblatt (Hrsg.) (2009a): Gerangel um Gesundheitsfonds, URL: http://www.aerzteblatt.de/nachrichten/38364/Gerangel_um_Gesundheits-fonds.htm [Stand 24.10.2009]

Deutsches Ärzteblatt (Hrsg.) (2009b): Krankenkassen: Marketingausgaben drastisch gesteigert, URL: http://aerzteblatt-student.de/doc.asp?docid=111059 [Stand 22.09.2009]

Deutscher Leichtathletik Verband (Hrsg.) (o.J.): Deutsche Leichtathletik Promotion- und Projektgesellschaft mbH, URL: http://www.leichtathletik.de/index.php?SiteID=37 [Stand 15.09.2009]

Deutsches Institut für Service-Qualität (Hrsg.) (2009): Servicestudie: Gesetzliche Krankenkassen, URL: http://www.disq.de/studien.html [Stand 17.08.2009]

Deutsche Sozialversicherung (Hrsg.) (o.J.): Finanzierung, URL: http://www.deutsche-sozialversicherung.de/de/krankenversicherung/finanzierung.html [Stand 20.05.2009]

Focus Money (Hrsg.) (2007): Krankenkassen – Detailliert Durchleuchtet, URL: http://www.focus.de/finanzen/versicherungen/krankenversicherung/krankenkassen-detailliert-durchleuchtet_aid_261146.html [Stand 28.08.2009]

Foerster, Axel-Friedrich (2008): Der Gesundheitsfonds, Nürnberg.

Fröck, Mathias (2004): Die GKV im Wettbewerb, Berlin.

Gapp, Oliver (2007): Management in gesetzlichen Krankenkassen: Eine theoretische und empirische Analyse, Hamburg.

GBE-Bund (Hrsg.) (2009a): Gesetzliche Krankenkassen (Anzahl). Gliederungsmerkmale: Jahre, Region, Kassenart, URL: http://www.gbe-bund.de/oowa921-install/servlet/oowa/aw92/dboowasys921.xwdevkit/xwd_init?gbe.isgbetol/xs_start_neu/347644951/91224783 [Stand 02.05.2009]

GBE-Bund (Hrsg.) (2009b): Beschäftigte bei gesetzlichen Krankenversicherungen (Anzahl). Gliederungsmerkmale: Jahre, Dienstverhältnis, Art des Personals, Kassenart, URL: http://www.gbe-bund.de/oowa921-install/servlet/oowa/aw92/dboowasys921.xwdevkit/xwd_init?gbe.isgbetol/xs_start_neu/i23007137/43782583 [Stand 24.08.2009]

GBK-Köln (Hrsg.) (2009): Aktuell – Neuer Beitragssatz ab 01. Juli 2009, URL: http://www.gbk-koeln.de/CMS/index.php?id=367 [Stand 24.08.2009]

GEK (Hrsg.) (2009): M+M Versichertenbarometer 2009, URL: https://www.gek.de/unternehmen/ueber-uns/auszeichnungen/m-und-m-versichertenbarometer.html [Stand 28.08.2009]

Gericke, Christian, Wörz, Markus, Busse, Reinhard (2006): Leistungsmanagement in Krankenhäusern, in: Busse, Reinhard, Schreyögg, Jonas und Gericke, Christian (Hrsg.), Management im Gesundheitswesen, Heidelberg, 54–80.

Gesetz zur Entlastung der Beiträge in der gesetzlichen Krankenversicherung (1996): vom 01. November 1996 (BGBl. I S. 1631).

Gesetz zur Stärkung der Solidarität in der gesetzlichen Krankenversicherung (1998): vom 19. Dezember 1998 (BGBl. I S. 3853).

Gibis, Bernhard (2006): Leistungsmanagement in Arztpraxen und Ärztenetzen, in: Busse, Reinhard, Schreyögg, Jonas und Gericke, Christian (Hrsg.), Management im Gesundheitswesen, Heidelberg, 81–106.

GKV (Hrsg.) (o. J.): Gesundheitsreformen, URL: http://www.gkv.info/gkv/index.php?id=633 [Stand 18.05.2009]

Greß, Stefan, Jürgen Wasem (2001): Vorgaben für die Organisation von Krankenkassen, in: Alexander, Andrea, Rath, Thomas (Hrsg.), Krankenkassen Im Wandel, Wiesbaden, 19–32.

Haenecke, Henrik (2001): Krankenkassen-Marketing: Eine empirische Analyse der Erfolgsfaktoren, München.

Handelsblatt (Hrsg.) (2005): Zahl der Krankenkasse rückläufig, URL: http://www.handelsblatt.com/unternehmen/karriere/zahl-der-krankenkassen-ruecklaeufig;885537 [Stand 02.06.2009]

Hanse Merkus (Hrsg.) (o. J.); DAK und Hanse Merkur, URL: http://www.hansemerkur.de/unternehmen/ueber-uns/kooperationen/dak [Stand 07.08.2009]

Heinzen, Frank (o. J.): Strategien für ein zukunftsfähiges Versorgungssystem der gesetzlichen Krankenversicherung, Bielefeld.

Herrmann, Wolfgang (2007): Vom Sozialversicherungs-Fachangestellten zum CIO, URL: http://www.cio.de/healthcareit/aktuelles/846727/index1.html [Stand 11.08.2009]

Hofmann, Uli (2001): Unabhängigkeit durch DV – Abhängigkeit durch DV, in: Andrea Alexander, Thomas Rath (Hrsg.), Krankenkassen Im Wandel, 115–126.

Hungenberg, Harald (2006): Strategisches Management in Unternehmen. Ziele – Prozesse – Verfahren, 4., überarbeitete und erweiterte Auflage, Wiesbaden.

Hungenberg, Harald, Torsten Wulf (2005): Grundlagen der Unternehmensführung, 3., aktualisierte und erweiterte Auflage, Berlin.

Literaturverzeichnis 115

IKK Südwest (Hrsg.) (2009): 100 Euro weniger Beitrag, URL: http://www.ikk-suedwest.de/beitrage/beitragserstattung/ [Stand 24.08.2009]

Jacobs, Klaus, Reschke, Peter, Cassel, Dieter (2002): Zur Wirkung des Risikostrukturausgleichs in der gesetzlichen Krankversicherung, Baden Baden.

Kartte, Joachim, Neumann, Karsten, Schneider, Arno (2008): Krankenkassen auf dem Weg zum Gesundheitsunternehmen, in: Repschläger, Uwe (Hrsg.), Barmer – Gesundheitswesen aktuell 2008, Wuppertal, S. 144–160.

KBV (Hrsg.) (2007): KBV – Ärztliche Kooperation – Integrierte Versorgung, URL: http://www.kbv.de/koop/8777.html [Stand 19.07.2009]

KBV (Hrsg.) (2008): Grunddaten zur vertragsärztlichen Versorgung in Deutschland 2008, URL: http://www.kbv.de/publikationen/2394.html [Stand 07.08.2009]

Kieselbach, Kurt (2001): Hektischer Stillstand im Gesundheitswesen, in: Alexander, Andrea, Rath, Thomas (Hrsg.), Krankenkassen Im Wandel, Wiesbaden, 3–18.

Knieps, Franz (2008): Wettbewerb unter den Bedingungen des GKV-Wettbewerbsstärkungsgesetzes, in: Repschläger, Uwe (Hrsg), Barmer – Gesundheitswesen aktuell 2008, Wuppertal, S. 16–32.

Kötter, Paul M., Behrens, Andreas (2006): Personalmanagement in Krankenversicherungen, in: Busse, Reinhard, Schreyögg, Jonas und Gericke, Christian (Hrsg.), Management im Gesundheitswesen, Heidelberg, 277–285.

Lampert, Heinz, Althammer, Jörg (2007): Lehrbuch der Sozialpolitik, 8., überarbeitete und vollständig aktualisierte Auflage, Berlin.

Loytved, Helge (1980): Der Wettbewerb in der Krankenversicherung – Zur Anwendung des Wettbewerbsrechts auf private Krankenversicherer und gesetzliche Krankenversicherungsträger, Berlin.

Medi-Report (Hrsg.) (1999): GKV-Gesundheitsreform 2000: Gesetz zur Reform der gesetzlichen Krankenversicherung ab dem Jahr 2000 vom Bundestag verabschiedet, in Medi-Report, URL: http://medi-report.de/nachrichten/1999/12/19991216-01.htm [Stand 15.07.2009]

Mintzberg, Henry (1990): The Design School: Reconsidering the Basic Premises of Strategic Management, in: Strategic Management Journal 11, 3, 171–195.

Moos, Gabriele, Brüggemann, Frank (2006): Informationsmanagement und Controlling in Krankenversicherungen, in: Busse, Reinhard, Schreyögg, Jonas und Gericke, Christian (Hrsg.), Management im Gesundheitswesen, Heidelberg, 337–349.

Morwind, Klaus (2005): Marke als strategischer Erfolgsfaktor in der Konsumgüterindustrie, in: Hungenberg, Harald, Meffert, Jürgen (Hrsg.), Handbuch Strategisches Management, 2. Auflage, Wiesbaden, S. 853–891.

Musil, Antje (2003): Stärkere Eigenverantwortung in der Gesetzlichen Krankenversicherung, Wiesbaden.

Neubauer, G., Pfister, F (o.J.): Finanzielle Auswirkungen des gemeinsamen Beitragssatzes für Mitglieder von gesetzlichen Krankenkasse ab 2009 in: Institut Für Gesundheitsökonomie (Hrsg.), URL: http://ifg-muenchen.com/Kassenstudie_Bericht_Jan_2008.pdf [Stand 15.06.2009]

Neumann, John v., Morgenstern, Oskar (1961): Spieltheorie und wirtschafltiches Verhalten, Würzburg.

Orlowski, Ulrich, Wasem, Jürgen (2003): Gesundheitsreform 2004. GKV-Modernisierungsgesetz, Heidelberg.

Orlowski, Ulrich, Wasem, Jürgen (2007): Gesundheitsreform 2007 (GKV-WSG), Heidelberg, München u. a.

Osterkamp, Nicole (2008): Verwaltungskosten in der GKV, in: Repschläger, Uwe (Hrsg), Barmer – Gesundheitswesen aktuell 2008, Wuppertal, S. 118–142.

Ökotest (Hrsg.) (2005): Kranke Kassen, URL: http://www.oekotest.de/cgi/ot/otgs.cgi?doc=36214 [Stand 01. 09. 2009]

Porter, Michael E. (2000): Wettbewerbsvorteile – Spitzenleistungen erreichen und behaupten, Frankfurt, New York.

Pester, Rüdiger (2005): Die wettbewerblichen Rechtsbeziehungen im Mitgliederwettbewerb der gesetzlichen Krankenkassen, Hamburg.

Plate, Andreas, Siener, Frank (2006): Change Management in Krankenversicherungen, in: Busse, Reinhard, Schreyögg, Jonas, Gericke, Christian (Hrsg.), Management Im Gesundheitswesen, Heidelberg, 405–414.

Quasdorf, Ingrid (2007): Die Gesetzliche Krankenversicherung, in: Fortbildungshefte 2, URL: http://www.gesundheitspolitik.net/01_gesundheitssystem/krankenversicherung/gkv/KBVfobi02-GKV_2004.pdf [Stand 19. 05. 2009]

Rath, Thomas (2001): Kräfte und Impulse, in: Alexander, Andrea, Rath, Thomas (Hrsg.), Krankenkassen Im Wandel, Wiesbaden, 33–48.

Rittner, Anja M., Kielhorn, Heike, Schönermark, Matthias P. (2008): Kundenverständnis in der Gesetzlichen Krankenversicherung, in: Prävention und Gesundheitsförderung 2008, 3, S. 273–280

Sartor, Ralph (2008): Von der Finanzmarkt zur Wirtschaftskrise, URL: http://www.tagesschau.de/wirtschaft/finanzmarktkrise152.html [Stand 02. 07. 2009]

Schlander, Michael, Schwarz, Oliver (2005): Finanzierbarkeit steigender Gesundheitsausgaben in Deutschland – eine makroökonomische Betrachtung, in: Gesundheitsökonomie und Qualitätsmanagement 10. Jahrgang 2005, Stuttgart, S. 178–187.

Schreyögg, Jonas, Busse, Reinhard (2006): Leistungsmanagement von Krankenversicherungen, in: Busse, Reinhard, Schreyögg, Jonas, Gericke, Christian (Hrsg.), Management Im Gesundheitswesen, Heidelberg, S. 23–54.

Schulin, Bertram (1994): Handbuch des Sozialversicherungsrechts, Band 1, München.

Schulte, Claudia, Sievers, Christoph, Tebarts, Katja (2008): Der morbiditätsorientierte Risikostrukturausgleich, in: Repschläger, Uwe (Hrsg.), Barmer Gesundheitswesen Aktuell 2008, Wuppertal, 58–75.

Schwarze, Johannes, Andersen, Hanfried H. (2001): Kassenwechsel in der Gesetzlichen Krankenversicherung: Welche Rolle spielt der Beitragssatz?, in: Schmollers Jahrbuch, 121, 581–602.

See-Berufsgenossenschaft – See-Krankenkasse (Hrsg.) (2007): Rundschreiben 4/2007, URL: http://www.see-bg.de/arbeitgeber/rundschreiben/ [Stand 23. 08. 2009]

Simon, Michael (2007): Das Gesundheitssystem in Deutschland. Eine Einführung in Struktur und Funktionsweise, 2., vollständig überarbeitete Auflage, Bern.

Specke, Helmut K. (2005): Der Gesundheitsmarkt in Deutschland, Bern.

Statistisches Bundesamt (Hrsg.) (o. J.): Bevölkerungsstand, URL: http://www.destatis.de/ jetspeed/portal/cms/Sites/destatis/Internet/DE/Navigation/Statistiken/Bevoelkerung/ Bevoelkerungsstand/Bevoelkerungsstand.psml;jsessionid=C3633F7BE9F7A75AD2B 86731DC50DA56.internet [Stand 08. 08. 2009]

Statistisches Bundesamt (Hrsg.) (2009): Gesundheitsausgaben 2007 um knapp 8 Milliarden Euro gestiegen, in Pressemitteilung Nr. 136, URL: http://www.destatis.de/jetspeed/portal/ cms/Sites/destatis/Internet/DE/Presse/pm/2009/04/PD09__136__23611,templateId= renderPrint.psml [Stand 23. 08. 2009]

Stiftung Warentest (Hrsg.) (2007): Sparen durch Wechsel, URL: http://www.test.de/themen/ versicherung-vorsorge/rechner/-Gesetzliche-Krankenkasse/1159365/1159365/ [Stand 1. 09. 2009]

Tagesschau (Hrsg.) (2009a): Kassen zahlen für 50 Prozent der Versicherten, URL: http://www.tagesschau.de/inland/schweinegrippe498.html [Stand 31. 08. 2009]

Tagesschau (Hrsg.) (2009b): Höhere Beiträge, Zuschüsse oder Zusatzbeiträge, URL: http://www.tagesschau.de/inland/schweinegrippenimpfung102.html [Stand 31. 08. 2009]

Tagesschau (Hrsg.) (2009c): Kurzarbeit – Was bringt das?, URL: http://www.tagesschau. de/ wirtschaft/kurzarbeit104.html [Stand 04. 09. 2009]

Techniker Krankenkasse (Hrsg.) (2008): Geschäftsbericht 2008, Hamburg.

Techniker Krankenkasse (Hrsg.) (2009a): Deutschlands beste Krankenkasse, URL: http://www.tk-online.de/tk/die-richtige-wahl/auszeichnungen-und-pruefsiegel/deutsch lands-beste-krankenkasse/136580 [Stand 15. 09. 2009]

Techniker Krankenkasse (Hrsg.) (2009b): Gesundheitspartner VfL Bochum, URL: http://www.tk-online.de/tk/nordrhein-westfalen/aktionen-in-der-region/kooperation-vfl-bochum/166748 [Stand 15. 09. 009]

Versicherungsnetz (Hrsg.) (2009): Ersatzkassen, URL: http://www.versicherungsnetz.de/ 01-00-04.htm [Stand 02. 07. 2009]

Waltermann, Raimund (2008): Sozialrecht, 7., neu bearbeitete Auflage, Heidelberg, München, Landsberg, u. a.

Wasem, Jürgen, Greß, Stefan (2006): Finanzmanagement in Krankenversicherungen, in: Busse, Reinhard, Schreyögg, Jonas, Gericke, Christian (Hrsg.), Management im Gesundheitswesen, Heidelberg, 219–231.

WDR (2009): Krankenkassen im Fusionsfieber, URL: http://www.wdr.de/themen/gesund heit/gesundheitswesen/krankenkassen/krankenkassen_fusion/index.jhtml?stdComments=1 [Stand 28. 8. 2009]

Welge, Martin K., Al-Laham, Andreas (2003): Strategisches Management, Wiesbaden.

Wissenschaftliches Institut der AOK (Hrsg.) (o. J.): WIdO – Das wissenschaftliche Institut der AOK, URL: http://wido.de/institut.html [Stand 05. 0. 2009]

Wimmer, Alexander (2008): Möglichkeiten der Effizienzsteigerung für die private und gesetzliche Krankenversicherung in Deutschland, Karlsruhe.

Winkler, Albrecht (2005): Der Berliner Konsens zur Gesundheitsreform: Wettbewerbliche Gestaltungsoptionen der Krankenkassen, in: Kremin-Buch, Beate, Unger, Fritz, Walz, Hartmut, Häusler, Eveline (Hrsg.), Gesundheitsökonomie – Eine Langfristorientierung, Band 7, Sternenfels.

Wirtschaftslexikon24 (Hrsg.) (o. J.): Gesundheitsreformgesetz, in: Wirtschaftslexikon24, URL: http://www.wirtschaftslexikon24.net/d/gesundheitsreform-gesetz-grg/gesundheitsreform-gesetz-grg.htm [Stand 02.06.2009]

Wirtschaftslexikon24 (Hrsg.) (o. J.): GKV-Neuordnungsgesetze, in: Wirtschaftslexikon24, URL: http://www.wirtschaftslexikon24.net/d/gkv-neuordnungsgesetze-gkv-nogs/gkv-neuordnungsgesetze-gkv-nogs.htm [Stand 02.06.2009]

Zerres, Michael, Potratz, Claudia (2006): Kundenmanagement in Krankenversicherungen, in: Busse, Reinhard, Schreyögg, Jonas, Gericke, Christian (Hrsg.), Management im Gesundheitswesen, Heidelberg, 155–162.

Zok, Klaus (1999): Anforderungen an die Gesetzliche Krankenversicherung, Bonn.

Zok, Klaus (2009): Erwartungen an die GKV nach Einführung des Gesundheitsfonds, in: WIdOmonitor, Ausgabe 01/2009, Berlin.

Von der Promotion zum Buch

WWW.GABLER.DE

Sie haben eine wirtschaftswissenschaftliche Dissertation bzw. Habilitation erfolgreich abgeschlossen und möchten sie als Buch veröffentlichen?

Zeigen Sie, was Sie geleistet haben.
Publizieren Sie Ihre Dissertation als Buch bei Gabler Research.
Ein Buch ist nachhaltig wirksam für Ihre Karriere.
Nutzen Sie die Möglichkeit mit Ihrer Publikation bestmöglich sichtbar und wertgeschätzt zu werden – im Umfeld anerkannter Wissenschaftler und Autoren.
Qualitative Titelauswahl sowie namhafte Herausgeber renommierter Schriftenreihen bürgen für die Güte des Programms.

Ihre Vorteile:

- Kurze Produktionszyklen: Drucklegung in 6-8 Wochen
- Dauerhafte Lieferbarkeit print und digital: Druck + E-Book in SpringerLink Zielgruppengerechter Vertrieb an Wissenschaftler, Bibliotheken, Fach- und Hochschulinstitute und (Online-)Buchhandel
- Umfassende Marketingaktivitäten: E-Mail-Newsletter, Flyer, Kataloge, Rezensionsexemplar-Versand an nationale und internationale Fachzeitschriften, Präsentation auf Messen und Fachtagungen etc.

▶ Möchten Sie Autor beim Gabler Verlag werden? Kontaktieren Sie uns!

Ute Wrasmann | Lektorat Wissenschaftliche Monografien
Tel. +49 (0)611.7878-239 | Fax +49 (0)611.7878-78-239 | ute.wrasmann@gabler.de

KOMPETENZ IN SACHEN WIRTSCHAFT

Printed by Books on Demand, Germany